回到原点看教育

梁 好｜著

吉林文史出版社
JILIN WENSHI CHUBANSHE

图书在版编目（CIP）数据

回到原点看教育 / 梁好著 . —— 长春：吉林文史出
版社，2022.10
　　ISBN 978-7-5472-8775-0

　　Ⅰ . ①回 ... Ⅱ . ①梁 ... Ⅲ . ①学校管理 – 案例 Ⅳ .
① G47

中国版本图书馆 CIP 数据核字（2022）第 163880 号

回到原点看教育

HUIDAO YUANDIAN KAN JIAOYU

作　　者 / 梁　好
责任编辑 / 靳宇婷
封面设计 / 马　佳
出版发行 / 吉林文史出版社
地　　址 / 长春市人民大街 4646 号
印　　刷 / 三河市龙大印装有限公司
开　　本 / 710mm×1000mm　16 开
字　　数 / 158 千字
印　　张 / 11
版　　次 / 2023 年 1 月第 1 版　　2023 年 1 月第 1 次印刷
书　　号 / ISBN 978-7-5472-8775-0
定　　价 / 49.80 元

1

六一儿童节是小学忙碌的一天。这一天，某地两所学校忙碌的情景给我留下了深刻的印象。

第一所学校在一个月之前便开始策划儿童节的活动方案，与当地团委联系，邀请领导亲临学校慰问孩子。活动方案敲定以后，学校便开始研究活动细节，明确责任分工，编排演出节目，一切井然有序。每天放学之后，老师带领着孩子们一遍遍练习舞蹈，排练合唱，忙得不亦乐乎。儿童节前一天，学校举行了活动演练，从领导行走路线到人员解说，从文艺汇演到工作汇报，一一进行彩排。第二天，活动果然取得圆满成功，莅临学校的领导对学校的办学成果赞不绝口。

第二所学校同样在一个月前便开始策划儿童节的活动方案。校长召开教师会议，广泛征求意见，决定一改传统的"文艺汇演"的模式，要给孩子们一个真正的属于自己的节日，让他们感受到学校的温馨与快乐。教师你一言我一语，出谋划策，贡献智慧。经过集思广益，一个以"六一逛庙会"为主题的活动方案渐渐有了眉目。然后，教师分头行动，组织实施，并不断地完善方案，设计更多精巧的环节，增加更多精彩的创意。儿童节那天，孩子们未踏入校门，便感受到了惊喜。校长穿着卡通服饰在校门口迎接孩子，憨态可掬又不乏喜感，给予每个孩子一个亲切的"节日拥抱"。教师或是扮成"花仙子"，或是扮成"熊大""熊二"，或是扮成"米老鼠"……孩子们俨然进入了童话王国。形式多样的"节日庙会"更是让他们眼花缭乱、应接不暇，包括"美食街""七彩大舞台""趣味竞技场""跳蚤市场""节日影院"等。孩子们在这一天有吃，有喝，有玩，有看。而且，"节日庙会"遵循市场规律，孩子们需要通过自己的努力去赚"节日币"，诸如表演舞蹈、参与游戏、志愿服务等，然后，用"节日币"去消费购物。这一天的活动很成功，孩子们感受到了儿童节的快乐。

2

上下班路过的小巷里有一所复读学校，狭小的院落，斑驳的教室，总是给人几分苍凉之感。每每看到进进出出的学生，看到他们沉闷的脸，总能感觉到这所学校的压抑。

初夏的一天，复读学校摇身一变，成了一所幼儿园。重新粉刷墙面，铺设场地，装修教室，伴随着夏日的炎热，一股蓬勃的朝气渐渐从小巷中弥散开来。

短短两个月的时间，再看这所校园，已经变得格外精致了。塑胶场地，黄绿相间，配着五彩的图案。校园的墙壁被绿色装扮，底部则绘制着可爱的卡通图案，活泼而充满着无穷的童真童趣。昔日的传达室，变成了一间造型别致的接待室，一个柜台，一张桌子，简约而不失典雅。在柜台旁的墙面上书写着学校的办学理念：让孩子在成长中体验生命的意义。

值得一提的是，在校园大树的绿荫下，放置了一个大大的鸟笼，里面饲养了十来只小鸟，有百灵、鸽子、鹦鹉，还有我叫不出名字的鸟，漂亮的羽毛，动听的啼叫，上下蹿跳，来回飞着。透过校园的栅栏，看着这群小生灵，真有一种说不出的新奇与好感。

对于这所"新"学校，一种莫名的喜欢渐渐占据了我的心头。每每路过小巷，总是忍不住多看几眼。开学的日子尚未到来，却已经有小朋友在里面玩耍了！

3

开学督导，走访某个乡镇的几所学校，这几所学校校园环境优美，教育管理严格规范，师生精神面貌良好，开学工作秩序井然。然而，督导中看到的几件事让我印象深刻。

第一所小学十分重视学生读书。除了图书室全面开放以外，还在教学楼的楼梯口设置了一处阅读园地，木质的书架上摆放着一排排的图书，而这也是学生十分喜爱的场所。下课铃声响起，同学们便来到阅读园地，但只能站在这里阅读自己喜爱的书，看完再放回原处。原来，这里没有设置座椅，将书拿回教室也不被允许。

第二所初中以管理严格而闻名，中午十二点，午饭时间到了，刚刚走出教室的同学们并没有急于走向食堂，而是齐刷刷地在操场集合。紧接着是德育主任的训话，对前一天学生的表现作点评，对当天的学习生活提要求。虽然已经入秋，但是正午的阳光依然强烈，加上同学们饿着肚子，那滋味可想而知。

第三所是幼儿园，园长以前是小学校长，刚刚调任过来。学校无论是校园建设，还是布置方面，都中规中矩。如若是所小学，可以称之为典范，但是作为幼儿园，则少了幼儿园特有的童真童趣。路过几间教室，老师正在教幼儿读儿歌、学朗诵。下午两点，幼儿还未从困意中醒来，只能茫然地跟着老师读。

4

十几年来，作为一名督学，我的工作场所在学校。职责所在，走过无数所学校，本地的、外地的；优质的、后进的；城区的、乡村的。这些学校林林总总，就像一片广阔的森林，各所学校都像是一棵形态各异的树。

校园生态多元化，才会使教育具有丰富性。在诸多学校中，为什么有的令孩子们向往，令老师热爱，而有的看上去却一团糟呢？什么样的学校是好学校？什么样的校园管理是好的管理？学校管理的本质是什么？这确实是值得深入研究的课题。

多年来，在校园中观察，在校园中思考，在校园中研究，成了我的主要工作。上述几个案例，正是我平时在校园督导过程中的所见所闻。透过这些案例，背后是否有诸多关联与相似呢？

事实上，在第一个案例中，两所学校对六一节活动的不同安排，反映了学校校长的两种心态，两种理念。第一所学校校长认为，教育的成功就是获得上级领导的认可。与之相比，第二所学校校长的眼里才是真正有学生的，是真正将学生放在第一位的。

第二个案例中，为什么新建的幼儿园会让孩子们喜欢，正是因为学校的管理者心中有学生，他们充分贯彻"以人为本"的教育理念，顺应儿童的心理，关注儿童的视角，满足儿童的需求，他们努力打造了一所眼中有学生的校园，建设一所令孩子们向往的乐园。

对于第三个案例中的三所学校，学校的管理者站在管理的角度看，认为那些"特色"可以作为学校管理的亮点。但是，在这些"亮点"的背后，学校管理者没有想过这样一个问题："学生在哪里？"管理者并没有真正考虑过学生的感受，没有真正把学生的需求放在第一位。

阅读园地固然是学生读书的好去处，但是，没有座位的图书园地，不允许学生随便拿走图书，到底是为了方便阅读，还是为了应付外来的检查组或观摩团？对于学生的纪律要求，自然应当强调，但是，管理者是否考虑到正午在太阳的炙烤之下，学生的肚子已经饿得咕咕叫？幼儿园的教育对象不同于小学，幼儿园管理者是否应当尊重幼儿的身心发展规律，多开展一些适合幼儿成长的教育活动，让园内充满无限的童真童趣呢？

以上种种现象，在诸多学校，都不同程度地发生过。在这类学校管理者的意识中，一切管理行为都是指向教育者，都是为了教育管理的方便，并没有考虑到学生的感受，没有充分尊重学生的主体地位。

学校的教育对象是学生，学校一切教育教学行为，一切教育教学管理活动，也都应指向学生。为了学生，服务学生。管理只是手段，教育学生才是目的，教育教学管理理念必须从"管理至上"向"学生至上"转变，只有这样，才能让管理具有教育的内涵，才能让教育变得以人为本。

学校教育的核心是"以人为本"，应将学生放在第一位，将学生的需求摆在学校管理的正中央。立足于学生视角，来审视教育，思考管理，才是教育管理的正确打开方式。这个道理，每一位管理者都应当谨记。同理，在教师的管理过程中，校长也应充分关注每位教师的个性，尊重教师的需求，理解教师的处境，寻求教师最大程度的心理认同。

将人放在学校的"正中央"，我们便会发现，这就是教育的原点。

是为序。

2022 年 3 月

目　录

第一辑

故事中的管理哲学

根雕的启示

"根雕常常以其精美的造型、根雕师独特的构思、巧妙的加工受人青睐，成为提升家庭文化品位的重要物件。然而，根雕的前身是什么？无非是生于荒野的树根。"

其实，学校的教师就犹如未经雕琢的树根，自身的潜力是一个方面，但也需要学校管理者善于发现与"雕琢"，如此才能助推教师的专业发展，推动广大教师尽展其才，成长为出类拔萃的优秀教师。那么，学校管理者如何才能发现教师、成就教师呢？我认为，不妨从以下几个方面做起，向根雕师们学习。

慧眼识根，给予教师足够的信任

哲人说，世上并不缺少美，只是缺少发现美的眼睛。同样是一块树根，存之于土内。老农刨之，乃一堆柴火；而在雕刻家的眼中却是一件精美绝伦的艺术品。人与物如出一辙，用什么样的眼光看待教师，就会得到什么样的结果。

对于教师，学校管理者同样需要以审美的眼光审视，发现教师的优秀、出色，给予教师足够的信任、充分的期待、美好的职业愿景。如此，教师就会朝着管理者希望的方向去改变，朝着理想的境界去努力。

然而，某些学校的管理者对教师却常常以挑剔与苛刻的眼光审视。他们只看到有的教师学历层次低、知识结构不完善、工作态度不认真、思想境界不高远、教学水平不够高等，而没看到每一位教师还有其优秀的一面。例如，有的教师虽然学历低，却有着很强的上进心；有的教师虽然教学水平不高，却有着高度的责任心；有的教师虽然工作不够尽心，却有着高超的管理和组织能力。用欣赏的眼光看待教师，教师就会放大自身的优点，以弥补其缺陷。信任点燃信心，希望成就辉煌。管理者的信任会助力教师成长，让其看到自己的美好前景，激发其不断进步的欲望。作为有智慧的学校管理者，应当善于欣赏教师，用赞美的眼光看待教师，关注教师的成长，期待教师教育水平的提高。

巧手雕根，助推教师个性化成长

由树根到根雕，需要艺术家的精雕细琢，付出大量心血。根雕不同于泥塑，泥塑是从无到有的过程，其形状、大小、颜色全凭手工艺人的个人想法，捏、补、塑、填、挖、涂，可以先有轮廓，再有框架，后有细节，再有神态。然而，根雕需要因势利导，哪里需要挖，哪里需要刻，哪里需要修，哪里需要磨，决不能任意而为，需要基于树根的原始状态，再赋予其全新的神韵。所以，一个树根一处风景，不仅在于根雕大师的主观意图，也在于树根的内在本质，以及塑造的可能性。因根赋形，因根而异，这也是根雕独特的艺术魅力所在。

教师的成长与发展亦是如此。每一位教师都是独一无二的，教师群体是充满个性化的角色集合。用完全一致的目标要求教师、圈定教师、约束教师是不符合规律的。教师的成长需要宽松的环境，需要学校管理者的关注与支持。

"多元智能理论"告诉我们，每位教师都有自己的优势。管理者需要做的是充分发现每一位教师的独特优势，发掘每一位教师的潜能，使其在特色发展上下功夫，助推教师的个性化成长。

当然，对于教师个体身上存在的弱点与劣势，学校管理者也要敏锐地发觉，及时给予教师必要的提醒，使其改正缺点，做到全方位发展。学校管理者不仅要做行政的领导者，同时也要善于做思想的引领者，结合每一位教师的实际特点，帮助他们制定科学合理的职业发展规划，并在平时的教育教学工作中，给予教师必要的指导与帮助，提供必要的智慧支持，解教师之忧，释教师之惑，尽可能地让每一位教师在自己的发展道路中走得更快、更远、更好。

平台展根，给予教师展示的机会

根雕的艺术价值在于别人的认可，绝好的根雕，在不识货的人眼里，也与普通树根无异，只能作为柴火使用。之于艺术品的根雕，还需要展示的舞台，其艺术价值需要在与之相对等的展台中得以体现。

同样，教师也有被他人认可的愿望。认可是一种激励，可以激励教师坚定自己的方向；认可是一种荣誉，可以让教师获得成长的愉悦。学校管理者不仅要欣赏教师，助推教师的成长，还需要给教师提供展示自身魅力的平台，让教师的特长优势发挥得淋漓尽致，使自己的独特魅力得到充分展示。如：让善于朗读的教师担任辅导老师；让善于组织的老师担当组长；给爱好书画的老师举办画展；举行校内教学大赛，让授课水平优秀的教师脱颖而出，等等。

根雕艺术家慧眼识根，巧手雕根，并为根雕搭建展示的舞台，让埋之于土壤深层的普通树根发挥其潜在的审美价值。而学校管理者也应如此，致力于教师的专业成长，相信教师的能力，挖掘教师的潜力，展示教师的魅力，如此又何愁教师不能找到自己的职业自信，从而获得长足的发展呢？

分粥的故事

从前，有七个人住在一起，每天分一大桶粥喝。但是，粥少不够吃。

一开始，他们抓阄决定谁来分粥，每天换一个人。于是每周下来，他们只有一天是饱的，就是自己分粥的那一天。

后来，他们推选出一个道德高尚的人来分粥，大家开始挖空心思去讨好他。

之后，大家开始组成三人的分粥委员会及四人的评选委员会，但结果是大家每天互相攻击，等粥吃到嘴里全是凉的。

最后，他们想出来一个方法：轮流分粥，但分粥的人要等其他人都挑完后拿剩下的最后一碗。为了不让自己吃到最少的，每人都尽量分得平均，就算不平均，也只能认了。大家快快乐乐，和和气气，日子越过越好。

同是七个人的小团体，几种不同的分粥方法出现了几种不同的结果。最后的分法之所以有效，就在于每个人都拥有了分粥的机会。分粥的权力对于群体中的每个人都是平等的，他们直接参与了分粥的过程，并且在过程中意识到自己的作用，从而正确处理了个人利益与集体利益的关系。

在学校管理工作中，很多事情都如同"分粥"，处理不善就会出现不好的后果。如何将管理的效能最大化？管理者不妨从分粥的故事中汲取经验，将管理权与决策权下放至每一位教师，让教师充分参与决策。这样不仅不会打乱学校的管理秩序，还可以充分调动教师群体工作的积极主动性，深度挖掘教师的教育智慧与管理潜能，化解学校内部的一些不和谐因素与潜在矛盾。具体说来，教师参与决策的作用主要体现在以下几个方面。

民主管理的重要体现

学校的管理应充分体现民主性原则，管理者不能搞"一言堂"，更不能将自己的意志强加给教师，让教师无条件地执行。一位高明的教育管理者，在管理过程中一定会注重民主管理。民主是管理者尊重教师的重要体现，只有施行民主管理的管理者才能体现亲和力，才能让教师从心里佩服与欣赏。只有施行民主管理才能具有公信力，才能让教师从理性与情感双重角度接受管理，提高制度的认可度与执行力。

在现实学校生活中，一些学校也在倡导民主管理，但是这种民主管理局限于少数人群之中，局限于表面的形式之上，使民主管理成了口号。教师参与决策将这种民主管理思想贯彻在实际的行动中。让全体教师拥有参与决策的权利，成为学校的主人，拥有发表自己观点与意见的话语权，参与管理制度制定的决策权。由此可见，教师参与决策是学校民主管理的重要体现。

融聚智慧的力量源泉

俗话说，"三个臭皮匠顶个诸葛亮"，每位教师都拥有无穷的教育智慧，对于学校管理也有自己的思想与观点。学校管理者不能忽视这宝贵的智力资源。如若对其充分发掘利用，教师的智慧便会成为学校发展的无限动力。管理者让教师参与决策，给了教师一个展现自我的平台。教师利用这个平台，可以为学校的发展出谋划策，可以就学校管理出现的问题提出意见，可以就学校管理的困惑与难题提出自己的合理化建议。学校管理者只有广泛汲取这些智慧才可以为学校发展提供不同的思维路径，多样的管理方法。通过全体教师集思广益、民主监督、群策群力，让管理制度更加科学，方案更加严谨，措施更加有效。综合考虑，民主管理对于提升学校管理育人成效、完善管理策略、解决管理难题将起到不可估量的作用。

化解矛盾的有效手段

学校是社会的缩影，管理者一项重要的管理任务就是巧妙化解学校内部的各种矛盾。如管理者与普通教师之间的矛盾，教师与教师之间的矛盾，等等，这些矛盾的主体是教师。解铃还须系铃人，解决矛盾最好的办法还是靠教师自己。如若我们稍加分析，学校内部的矛盾大多是由于决策的偏差与失误造成的，如由于分配制度不公平、激励机制不科学等，从而引发教师与管理者、教师与教师之间的矛盾。要化解这些矛盾，解决这些纠纷还需要从管理的源头入手。民主管理给予了教师参与决策的机会，教师出于个人利益考虑，必然在各项制度的制定与决策过程中提出自己预想到的结果，这为决策的先见性及科学性提供了依据。而制度的最终确定也必然是经过不断磨合、修整并最终征得多数教师同意、最大限度地包容与认可的结果，这样便会从极大程度上减少矛盾的产生。正如七人分粥一样，民主管理给了教师参与决策的权利与机会，也预防了矛盾的产生。

教师参与决策是学校民主管理的重要体现，可以最大程度地发挥教师个体工作的积极性，调动教师主体的工作激情；同时，教师参与决策为管理者提供了管理的智慧资源，并且也是化解学校内部各种纠纷的有效手段。学校管理者应充分认识到教师参与决策的积极意义，积极推动教师参与决策。

学会换位思考

1995 年，某地产公司请业内专家去样板房参观。到了门口，一行人脱下鞋子，换上拖鞋进入室内。当时，该地产公司还没有走上规范化道路，业内专家看出了样板房存在的诸多问题，甚至认为，把这样的房子作为样板房，该地产公司是没有前途的。

可是在离开的时候，一个细节改变了专家的看法。原来，他们刚刚脱在门口的皮鞋，全被工作人员调了一个方向。对此，公司负责人解释说："客人进来的时候，鞋尖向里，客人走的时候，鞋尖向外！这就是我们公司的理念，一切事情都要站在客人的角度想！"专家感叹说："你这个经营理念不简单呀！就凭这个经营理念，你一定能够成功。"

果不其然，这种经营理念被该地产公司的管理者广泛运用。在宣传广告中，他们从顾客的角度想，将房子设计的缺陷与不足写了出来；在企业管理中，他们从员工的角度想，将企业 2.35% 的股份分给员工。就是凭着这种经营理念，使该地产公司在国内房地产界迅速崛起。

将客人的鞋子及时调整方向，以方便客人出行。其本质是换位思考，它应当是每一位管理者必须具备的职业心态与管理技能。作为校长，应借鉴鞋子哲学中蕴含的理念，在管理中学会换位思考，善于为别人着想。

校长应当善于为学生着想

学校管理的根本理念是促进学生的全面发展，为他们提供优质的教育环境。

学校的一切教育教学管理行为的最终目标应当指向学生，这也是"以生为本"教育原则的具体体现。

然而，少数校长在进行学生管理、制定规章制度、安排教育活动、实施主题教育的过程中，并没有真正从学生的角度考虑，没有考虑学生的实际情况、接受心理、参与欲望，没有琢磨教育措施、方法、制度学生是否认同、是否欢迎、是否心存意见。校长仅从管理的角度，单方面硬性推行，没能充分征求学生的意见、尊重学生的想法、考虑学生的感受。这样的管理只能引起学生的反感，或是学生因为畏惧学校权威，在心里无声抵抗、消极应付。如果校长能够从鞋子哲学的理念中受到启示，在对学生进行管理的过程中，设身处地为学生着想，为学生的终身发展考虑，无形中便会拉近学校与学生心理之间的距离，不仅有利于教育方法、措施、制度的顺利推行，也保证了学校教育的科学性。

校长应当善于为教师着想

教师是学校教育的实施者，不仅是学校管理的对象，也是学校管理措施的执行者。学校对学生的教育需要教师去实施，而学校又要对教师个体的教育教学行为进行有效的监督、指导、评价。一位高明的校长需要调动每一位教师工作的积极主动性，发挥每一位教师的聪明才智。而要做到这些，就需要校长具有换位思考的智慧。

管理者应当明白，自己和教师不是对立的个体，不是管理者与被管理者的关系，而是为了同一个教育目的——培养学生，身处同一个教育空间——学校，执行不同教育职责的教育工作者。因此，校长在对教师进行管理的过程中，应当善于换位思考，应当充分了解教师的期待、想法、愿望和要求。应当尽可能地为教师的教育教学行为、专业发展、个人生活提供政策允许范围内的最大支持。事实上，管理者只有让教师感受到被尊重和被重视，才能提高教师的责任意识，赢得教师对学校的归属感，促进教师激情的释放与智慧的点燃。

校长应当善于为中层领导着想

学校中层领导是一个特殊的群体，肩负着上传下达的重要使命，一方面要执行校长的管理理念，另一方面又要接受教师群体的反馈意见。他们是学校管理的中坚力量，是学校管理正常运转的重要组成。要发挥中层领导班子的作用，需要校长支持。校长要善于换位思考，从中层领导的位置考虑其工作的压力与困难。懂得换位思考，校长就会给予中层领导充分的信任，监督而不插手，指导而不干涉；懂得换位思考，校长就要做好中层领导的强有力的后盾。当中层领导遇到困难时，校长要及时出面；当中层领导与教师产生矛盾时，校长要善于调解；当中层领导遇到疑惑时，校长要及时点拨。

"换位思考"这个词汇校长也并不陌生，关键是肯于行，常于行。作为校长要善于为学生着想，善于为教师着想，善于为中层领导着想，以此换来和谐的校园环境，赢得高效的学校管理。

蝴蝶效应

"一只蝴蝶在巴西扇动翅膀，可以在得克萨斯州掀起一场龙卷风。"1972年，美国气象学家爱德华·罗伦兹在美国科学发展学会第139次会议上分析了这个效应。他认为，一个微小的初始条件变化可能导致一连串逐渐放大的改变，最终出现完全不同的结果。这就是所谓的"蝴蝶效应"。

社会学上的"蝴蝶效应"认为：一个坏的微小的机制，如果不加以及时改变和完善，会给社会带来非常大的危害；一个好的微小的机制，只要正确引导、利用，经过一段时间的努力，将会产生积极的结果。此番理论同样适应于学校的管理。细节决定成败，管理者在学校管理中一个小小的细节，能够影响到教职工的工作积极性，影响到其对学校的感情，甚至影响到学校整体的精神风貌。

[案例]

某校在教职工考勤中使用了指纹考勤机，对教职员工制定了严格的制度。考勤的依据完全按照指纹机的记录进行，晚来一分钟就视为迟到，早走一分钟亦视为早退。结果，部分教师为了接送自己的孩子上学放学，不免天天迟到早退。

以上案例是学校管理中的小细节，看似微不足道，却在教师群体中产生了不良的影响。指纹机考勤本无可厚非，这是为了严格考勤制度，可以在一定程度上避免学校考勤工作中的作弊行为，最大限度地实现管理公平。然而，以机器作为考评的工具，必然充斥着一种硬性冰冷的味道。在机器面前，教师感受不到来自学校的关怀与温暖。学校管理者在面对机器记录结果时，并没有考虑到教师的实际情况，而是生硬地对待每一位教师，无视他们的生活困难，这让教师很难接受。这种考勤制度的后果势必会影响教师对学校的印象，影响自身工作的主动性与积极性。

学校管理中类似于上述的问题不胜枚举，而这些问题正是引发教师对学校管理者产生不满的原因，以致影响了自己的工作激情，影响了教学的实际效果。因此，对于学校管理者来说，应充分重视细节的作用，防止"蝴蝶效应"带来的不良后果。

认真推敲制度的细节，保障制度的科学性

制度是学校管理的纲领，是进行各项管理的重要手段。制度的科学与否直接影响到管理的效率，影响到学校管理的方方面面。因此，学校管理者对于制度的制定应当从大处着眼，小处入手，对于每一项规章制度，都要从细节仔细地推敲完善，广泛征询教职员工的意见，多方考虑制度的公平公正及合理性，不仅要让制度充分发挥其管理约束的作用，还应考虑人性化因素，不仅要让制度的硬性保障纪律，还要让制度的弹性彰显人性。只有从细节上保证制度完善，才能避免学校管理中出现漏洞与疏忽，让教职员工认同制度、拥护制度，按照制度快乐而主动地工作。

正确对待每一位教职工，发挥教职工的潜能

对于学校来说，每一位教职工就好比是一只蝴蝶，其工作状态直接影响到学校的整体教育工作。学校的教育教学工作是由教师个体承担起来的，对于学校每一位教职员工，学校管理者都应当客观对待，让每一位教职员工感受到来自学校的温暖。首先，学校管理者应当营造出平等民主的氛围，亲切随和地对待每一位教职员工，让教职员工感受到领导的关注与尊重，在现实教育生活中，教职员工越被尊重其主人翁意识就会越强烈，也许管理者的一句问候、一个微笑、一个祝

福就能让教职员工快乐一整天，从而精神百倍地投入到工作之中；其次，学校管理者应当充分认识到每一位教职员工的能力与素质，将其放到适合的岗位上去，最大限度地发挥每一位教职员工的潜能；再次，学校管理者还应及时了解教职员工的心理状况，并开展心理疏导，教师的心理状态直接决定其工作的状态，也是学校管理中潜在的隐患，学校管理者应当及时排解。

创造一种宽松的工作环境，让教职员工快乐工作

工作对于教师而言不仅是一种谋生手段，还是一种生活方式。学校管理者应当创造一种宽松的工作环境，让教职员工在学校找到幸福感与归属感，让每一位教职员工都能将学校当成自己的家，在工作中谋求幸福，在教学中感受快乐。首先，学校管理者应当采取积极的态度与做法，与教职员工互动交流、交换意见，了解教职员工理想的学校状况，了解每一位教职员工对学校的期望，从而改进管理策略，顺应教职员工的心理；其次，学校管理者应致力于良好的校园文化建设，以校园精神文化引领教职员工的发展与成长，让每一位教职员工体验到成长的快乐；再次，学校管理者应充分利用细节，表达对教职员工的关怀与理解。比如，利用节日的机会向教师表示庆贺，利用生日的机会给教师以祝福，利用活动的机会向教师表达谢意，充分利用这些机会让教职员工体会到学校对自己的关注。

细节决定成败，"蝴蝶效应"告诉我们，学校管理者应当充分重视学校管理中的每一个细节，重视每一位教职员工，从细节完善管理，提高管理水平，应当是每一位学校管理者应当考虑的问题。

三粒纽扣

　　普鲁士国王腓特烈二世是欧洲历史上杰出的军事统帅之一,后世尊称其为"腓特烈大帝"。18世纪时,他率军征战接连取胜,无比荣耀,于是,他开始关注士兵的军装军容,把它作为强大军事实力的"脸面"。

　　一次,腓特烈大帝注意到士兵们大都上装整洁,右袖口的背侧却有一团难看的污渍,便问随行的军官雅各:"战士衣服上的那团脏东西是怎么回事?"雅各答道:"士兵为图方便,每次脸上出汗或有其他脏东西便用袖口去擦,时间久了就变成这样了。"腓特烈大帝不满地说:"这样做跟屠夫伙夫又有什么区别!我限你在三个月内负责整改此事!"雅各不敢大意,下令士兵不得再用袖口擦脸,否则将受严惩重罚。

　　可是三个月过去了,虽然不断有士兵挨了罚,但他们总是再犯。雅各严厉地把士兵关起来拷打,引起了众怒。到腓特烈大帝再度来视察时,士兵便故意穿上了带污渍的军装。腓特烈大帝了解情况后,对雅各说:"难道你就想不出更好的办法吗?比如,给士兵的袖口都钉上三粒金属扣子,或许这样就能解决问题了。"雅各半信半疑,还是遵照执行了。

　　很快,所有士兵的袖口都钉上了三粒纽扣。如果他们想用袖子擦脸,便会先碰到纽扣而被擦痛,果然再也没人把袖口当毛巾了,士兵的军装自然也整洁了很多。

　　这是一个关于管理方面的经典案例,我们不得不佩服腓特烈二世的管理智慧,下属费尽周折还是无法完成任务,而他的一个建议便改变了现状,实现了管理目标。

管理的智慧是相通的，这个军事管理的案例同样值得学校管理者深入揣摩、细心体会，从中汲取营养，为学校的管理提供经验与启示。那么，从这则管理案例中，有什么积极的价值因素与管理方式值得学校管理者借鉴呢？在我看来，至少有以下几点。

要善于发现问题

军装军容最能体现士兵的精神面貌，展现军队的精神气质，士兵袖口的污渍看似是件小事，却事关军队的整体形象，影响到军队的战斗力。对于这个细节，士兵们习以为常，军官们也见怪不怪，甚至不屑一顾，但是腓特烈二世并没有放任自流，而是作为一件大事，一件事关军队士气的要事来抓，不仅严令军官予以整改，而且雷厉风行、限定时间、跟踪督查。这种认真的态度并不是钻牛角尖，而是腓特烈二世以治理士兵袖口污渍这个细节为突破口深层次整顿军队精神面貌的重大问题。对于学校管理者而言，也要拥有发现问题的眼睛。管理者要善于发现学校师生习以为常、见怪不管的管理问题，从中发觉可能存在的管理隐患，并通过合理的方法予以巧妙地化解，以提高学校的管理水平。比如，某学校下午两点半上课，要求学生两点到校，但是，部分学生在两点前赶到学校门口，校门未开，学生便在校门外打闹嬉戏。对于这种行为师生习以为常，校长要独具慧眼，不能仅仅认同这是常规的课外时间，不闻不问，任由学生随意玩耍，因为安全问题容不得半点马虎与疏忽，稍有不慎便会酿成大祸。管理者必须具备足够的忧患意识，发现其中的安全隐患，并通过合理途径巧妙解决，以保安全万无一失。

要唤醒自觉意识

对于士兵用袖口擦脸的行为，军官雅各的做法是硬性禁止，以行政手段予以限制。这种外压式做法，建立在管理的行政地位之上，立足于自己的权势。被管理者畏惧管理者的地位与权威，也许在管理者面前唯唯诺诺，但是，一旦脱离管理者的视线，那种原本的自由散漫，以及对管理者内在的排斥与反抗便不由自主地暴露出来，这也正是雅各军官不能有效解决问题的症结所在。学校管理者同样应当明白，有效管理的关键应在于提高被管理者的自觉意识，让被管理者积极主动地改正错误、避免过失，而不是靠行政推手施以巨大的行政压力。这就要求管理者要摆平心态，不做"行政的长官"，不以权势压人，不以地位要求人，要与被管理者建立互相信任、理解、支持、平等的交往基础，通过有效的管理方式提高被管理者的自觉意识。比如，某校管理者出台严厉校规，明令要求学生在校期间不准带手机，一经发现便没收手机。这样的校规并没有建立在师生平等对话的基础上，管理者对学生实施的硬性管理措施没有给予学生足够的尊重，更不可能取得学生的理解、信任与支持，管理效果显而易见。

要学会换位思考

腓特烈大帝解决士兵袖口污渍的问题很巧妙，只是在袖口钉了三颗纽扣，这个措施看似简单，其实是一种换位思维。在腓特烈大帝看来，士兵用袖口擦脸出于习惯与本能，那么，这种需求客观存在，阻止的办法并不是强迫士兵不去擦脸，而应在用袖口擦脸上设置障碍，找到突破口。在袖口钉纽扣，让士兵感到不舒服，产生疼痛感，这就打消了士兵经常用袖口擦脸的想法，打消了问题产生的动机，从而有效地解决了问题。可见，自始至终，腓特烈大帝都站在士兵的角度思考问题、解决问题，并通过完善管理流程，实现管理目的。对于学校管理者而言，也要学会这种换位思维，要经常站在师生的角度思考问题，审视师生产生不良思维习惯的根本原因，并从中设置阻碍，帮助师生自觉规避不良行为习惯，从而朝向理想的管理状态引导。例如，一所学校的白墙上经常发现学生的涂鸦，屡禁不止，墙面涂了画，画了涂，学校管理者为此大费脑筋。新校长上台后，果断将这面墙壁设置成涂鸦墙，让学生尽情发挥，展现自我，抒发心声，涂鸦墙顺应了学生的心理，优化了管理流程，有效地解决了这个棘手的难题。

刺猬法则

"刺猬法则"说的是这样一个十分有趣的现象：在寒冷的冬季，两只困倦的刺猬因为寒冷而拥抱在一起，但由于它们身上都长满了刺，紧挨在一起就会刺痛对方，所以无论如何都睡不舒服，因此，两只刺猬就分开了一段距离，可是这样又实在冷得难以忍受，它们又抱在了一起。折腾了好几次，它们终于找到了一个比较合适的距离，既能够相互取暖又不会被扎。这也就是我们所说的在人际交往过程中的"心理距离效应"。

学校管理的关键是人的管理，在学校教育教学过程中，"人"起到核心作用，只有充分激发每位教职员工的积极主动性，让他们快乐幸福地投入到工作之中，学校的各项管理才能高效运转。因而，在学校管理机制运行体系中，作为管理者、领导者的校长，应当与每位教职员工建立良好的人际关系，以营造一种和谐、稳定、团结的氛围，使管理工作变成共同协作的过程，发挥集体的凝聚力，提高工作效率。那么，学校管理者如何与教师保持良好的人际关系？刺猬法则对于学校管理又有哪些启示呢？在我看来，可以归纳为以下三点。

保持适度距离

做过教师的都知道，与学生相处一定要把握一个"度"，既不能距离过远，也不能过于亲近。距离过远，会让学生敬而远之，产生一定的距离感，导致二者缺少必要的沟通与对话，彼此的信息与情感不能得到有效的交流；距离过于亲近，会让教师的师者身份荡然无存，导致发生角色越位或失范的情况，造成不必要的误会及难以预料的伤害。师生之间只有保持合适的心理距离，才能维系良好的师生关系。这就如同刺猬法则一样，不至于因为距离过远而无法温暖对方，也不会因为距离过近而伤害对方。学校管理者与教职员工的关系，与师生关系有相似之处。管理者与管理对象的关系十分微妙，二者有着共同的教育取向及学校发展愿景，但是，二者又有着不同的角色定位。管理者站在管理的视角审视教育问题，难免会触及管理对象的利益，甚至引发一些思维冲突。因此，管理者在与教职工相处的过程中，一定要把握好合适的距离。既要让每一位教职工感受到个体存在的价值，让他们感受到足够的尊重，也要让每位教职工摆正自己的位置，客观认识自身与管理者之间的关系。在操作层面上，管理者不能因为个人喜恶、性格相近而与一部分教职工过于亲近，也不能因为主客观原因与另一部分教师关系疏远。因为学校的工作是靠团队协作完成的，管理者的亲近远疏，很容易对教师思想产生误导，会影响团队的协作，影响管理的公平与公正。

充分包容缺点

每一位教职员工都是个性迥异的精神个体，由于他们的家庭背景、思想阅历、性格喜好、知识水平皆有不同，因而，不可能十全十美，每个人都有自己的缺点和短板。距离产生美，作为管理者的校长要学会适度距离审视教师，不能仅盯着教师身上的缺点，抓着教师身上的"刺"不放，还应看到教师身上的优点。如果管理者以包容的心态对待每一位教师，教师便会放大自己的优点，挖掘自己的潜力，展示自己的魅力，以得到校长的欣赏，不辜负校长的期待，迎合校长的审美。包容缺点是一种涵养，是一种修为，更是一种智慧，它有利于提高团队的向心力与凝聚力。

支持独立品格

刺猬法则告诉我们，每一只刺猬都有其独特性，它们既相互依存，又相对独立。教师是学校团队的一员，但又都是独立的个体。对于这种独立性，管理者应当小心呵护，客观对待，而不是一味打压。事实上，尊重教师的独立性是尊重个体、认同差异的体现，也是教育形态多样化的重要体现。它可以发散教育思维，拓展教育路径，打开教育视野，为管理者全方位、多元化、多角度思考教育问题提供了有力的支持，同时，也是民主治教的重要体现方式。

留个风口

为了美化环境，小区里栽花植草，其中有两个相邻的地段，一段栽了花，一段种了草。刚栽上时，为了避免踩踏，在靠近马路的一侧用塑料布围起了一人多高的临时围墙，其中种草的围墙剪了许多孔，栽花的围墙不知为何却没有剪。

夜里刮了一场风，第二天一看，剪孔的围墙安然无恙，没有剪孔的围墙匍匐于地，已经被风刮倒了。

原来，小孔竟然有这么大的作用。风是挡不住的，那些小孔就是留给风的出口，有了出口，风就能顺利通过，从而给围墙减小了压力，免受损伤。

给围墙留个风口，看似简单的道理，并不是每一位园林工作者都能注意到的。这其中的哲理也并非仅限于园林维护，其实我们的教育管理也是如此,给管理留个"风口"，才会确保管理的实效性与安全性，从而尽可能地发挥管理的作用。

给制度留个弹性的"风口"

制度的重要作用在于其约束性，学校的管理需要通过一系列的规章制度来执行与约束，从而实现管理的规范性与有序性。学校的规章制度一旦形成便具有超强的约束力，任何教师、职工都要坚决执行，没有半点儿商量的余地。诚然，我们的管理需要刚性的制度，但教育管理的对象是教师，对于教师的情感及个体原因，同样不能忽视，在制定刚性的制度时，如若不考虑实际情况，反而会影响教师的工作热情，削弱教师的归属感，降低工作效率。例如，有些学校利用指纹机考勤，教师迟来一分、早走一秒也被视为迟到早退，这样的做法显然过分死板，甚至有可能激起教师的对抗情绪，特别是对于有孩子、老人需要照顾的教师来讲，这样的考勤制度更是一种不近人情的制约。学校的考勤制度不妨多一些弹性，在保证绝大部分公平的同时，照顾到部分教师的特殊情况，在集体商议的基础上妥善处理普遍与个体的关系。

给管理留个反馈的"风口"

学校的管理需要多方面参与，不仅是管理者个体的行为，也是教师群体共同参与的结果。学校管理的适切性需要科学的评价和积极有效的反馈，这样才能保证管理的正确性与科学性，才能让管理具有强有力的群众基础。因而，学校管理者应当建立健全通畅的管理反馈渠道，给教师搭建一个发表意见的平台，为管理留个反馈的"风口"。教师的反馈可以让学校管理者对管理多一个视角，多一份认识，多一份清醒，多一份理性。从而对教育管理的方法进行策略理性地分析，科学地对待，反复地审视，以保证管理的适切性与科学性，让管理日趋完善，顺应教育教学规律，符合教师群体心理。

给教师留个释压的"风口"

教师的职业压力过大，已经成为当今社会的普遍问题，也应当是学校管理者必须重视的问题。学校在幸福学生、成就学生的同时，同样需要幸福教师、成就教师，只有保证教师身心健康，才能保证教育教学的质量。学校管理者需要创造幸福的教育环境，而幸福的教育环境就需要给教师释压，给教师留个释压的"风口"。学校管理者在要求教师教育教学质量的同时，也应当关注教师的身心健康。学校管理者可以积极创造机会，为教师释压。例如，组织学校教职工体操队、篮球队、乒乓球队等，以多姿多彩的体育运动丰富教师的教育生活；再如，利用节假日时间组织教师集体联欢、外出郊游等活动使教师放松心情，缓解压力。

学校管理需要艺术，给教育管理留个"风口"是管理者不可或缺的艺术。

第二辑

多问几个"如何"

如何出台新制度

【案例】

　　某校新任校长到任后的第一个学期便实行教学改革，将原任校长实施近两年的"导学案"废除，取而代之的是集体备课制度。这位校长自认为"导学案"不切合学校实际，出现了一定的负面情况，影响了教育教学质量。而自己在原学校推行的集体备课制度对教师专业发展的促进作用不可估量，因而，取消导学案，实行集体备课制度是审时度势之举，体现了自己教学管理的智慧。

【评析】

　　新校长，特别是有过长期教学管理经验的校长，来到新学校后，最擅长的便是进行新旧学校之间的互相比照，也惯常用原任学校的管理思维去审视现任的学校。这种管理思维模式固然有可取之处，可以让校长的管理经验得到施展与延伸。但是，我们同时也应当清醒地看到，每一所学校的情况都是迥然不同的，都有自己的优势与特长，都拥有着自己独特的文化内涵，如果校长不顾学校之间的个体差异，生搬硬套，实行"拿来主义"，强硬植入原学校的管理措施，那么，注定会出现水土不服的窘境，也将动摇学校高效管理的根基。纵观此位校长的做法，可以发现存在以下几点不妥之处。

全盘否定，抛弃前任校长的管理成果

　　每一位校长都有自己独特的管理理念，特别是对于优质学校来讲，前任校

长给学校、新任校长留下了一大笔宝贵的财富。包括完善的规章制度、和谐的人文环境、高效的管理举措，这都应是新任校长继承并发扬的。即使前任校长的某些做法与举措不是多科学，多高效，甚至是失败的，但是，也至少可以告诉现任校长，哪些管理举措不适合学校的校情、师情、学情，需要着力改革。因而，每一位新任校长，要想在新的学校管理中打开局面，就必须继承与发展前任校长留下的宝贵管理成果与经验，而非全盘否定，另起炉灶。即便是前任校长的某些做法有失妥当，新任校长也应当认真总结，寻找其失败的根源，从失败中汲取力量。案例中，无论是"导学案"还是"集体备课"都是课程改革的一种尝试，对于提高教育教学质量，推动教师的专业发展都能起到积极的作用。固然，学校在"导学案"实施过程中出现了困惑与阻碍，也只能证明，"导学案"教学改革需要进一步深入，而绝不能说其是失败的，是一无是处的，是无可借鉴的。

独断专行，失去全体教师的拥护支持

显然，以集体备课取代"导学案"是校长的"一个人"的决定。新校长的决策是个体化行为，而非是集体化的决议。其实，无论是何种备课方式，教师都有一个逐步适应与习惯的过程，从先期的陌生抗拒，再到后期的熟悉与认同，都需要时间来支撑。两年的"导学案"改革实践与推动，虽说时间不长，但是也不短，教师即便不能说对"导学案"非常熟悉，至少可以说是不陌生的。而新任校长取而代之全新的备课方式，势必是要让教师从头再来，重新认识与适应，这难免会造成教师的心理紧张，进而引起主观性排斥。而对于尝到"导学案"改革成效的教师更是无法忍受。同时，校长依照个人意愿，独断专行，会引起教师的强烈反感，这会直接影响教师对学校及校长的认同，降低其工作的热情，影响学校的整体工作。

行政推动，忽视学校本土的文化内涵

"一个好校长就是一所好学校。"一个好校长会带动一所好学校，但是，我们同时也应当看到，真正高效的管理是校长通过校园文化的深层构建，以文化的无穷魅力指导学校发展的方向。校长首先应是思想的领导，其次才是行政的领导。校长对学校的影响，需要通过自身理念的无形渗透，而非行政权力的硬性推动。无论是"导学案"，还是"集体备课"，成功的关键并不在于形式，而在于其对教学状态、师生风貌、课堂文化的改变。行政推动的教改方式失去了学校本土文化根基的支撑，注定行之不远。

那么，如何解决"导学案"与"集体备课"的问题，如何在新环境实施自己的新举措呢？可以抓住以下三点。

全面审视，分析得失

无论是"导学案"还是"集体备课"，都有自己的优势，都有可取之处。对于前任校长实施的"导学案"改革，现任校长必须站在客观的角度，全方位予以审视，看教师的认同度，看实施的有效度，看结果的收益度。当然，也要找过失，找不足。同样，对于自己先前学校推行的"集体备课"制度，新校长也并不能太过自信，应该跳出来，以旁观者的身份去重新审视，以期清醒而全面的认识。

渗透推广，有效整合

前任校长与现任校长的管理措施并不是水火不相容的，有时候可以有效整合，取长补短，相互渗透。就"导学案"与"集体备课"来讲，其实，是备课改革的两个方面，一个是从学生的角度改革，一个是从教师的角度实施改革。二者完全可以相互融合，合二为一。而"导学案"+"集体备课"的全新备课形式，不仅明确了备课的服务对象，还拓展了备课的形式，可以说是新型高校备课的重要突破。而新校长通过二者整合的方式，不仅兼顾了前任校长所留下的备课改革基础，还移植了自己教学管理的有效经验，可谓是在继承中发展，继承了前任，又继承了自己；发展了前任，又发展了自己。更重要的是，其管理新举措的推动方式是渗透式而非行政式，也赢得了广泛的群众基础。

集思广益，民主决策

当然，新校长对新型管理方式的引进与倡导，还需要循序渐进，遵循民主化原则，而不能硬性决策，要倾听一线教师的声音，让一线教师在实践过程中主动选择、集思广益、民主决策，这样形成的管理举措，才具有生命力，才是根植于教师内心，根植于校园本土化的管理策略。

如何出语不凡

学校管理在很大程度上是语言的艺术，校长的言语谈吐直接反映其教育理念与管理思路。优秀的校长用言语激励教师，凝聚力量，引领方向。而平庸的校长却满嘴套话、大话、空话，让教师不知所云。如此，不但影响执行力，而且会极大降低校长的威信，使学校的管理陷入困境。

校会作为校长安排教育工作、传递教育思想、表现管理思路的重要载体与平台，也是考验校长讲话水平的重要手段。优秀的校长会利用好这块阵地，讲真话，讲实话，以自己的讲话推动学校管理水平的提升。

【案例】

某校长在学期初的全体教师会上发表讲话：今天的会议我重点讲三条意见：第一要牢牢抓住教育教学中心不放松，不断提高教育教学质量；第二要加强师德师风建设，提高教师的思想道德水平；第三要深化效能建设，加强纪律监督与检查。校长在会上讲得慷慨激昂，台下教师却听得昏昏欲睡。

【评析】

这位校长所讲的三条意见，很具代表性，而诸多校长经常在校会上向教师说出类似的言论。表面上看，这些言语四平八稳，正确无误，然而，若认真分析就会发现，这样的讲话，无论是对工作，还是对教师个人发展，都没有实质性意义。而校长所讲的这些话，更多还是基于自己的行政身份，是对教师的硬性要求，而非从工作的角度提出合理化建设性的建议与思路。"牢牢抓住教育教学中心不放松"，这是对学校最基本的要求，但是，抓教学、提高教育质量，绝非靠口头重视所能奏效，而要靠教育理念的更新，教育改革的跟进，教育措施的出台等。只有口头重视，而没有切实可行的实施意见，这样的话就等于空话、套话，是没有意义的话。而"加强师德师风建设""深化效能建设"等言论，很容易让教师感受到被强迫、被管理、被要求的窒息与无奈，从而与管理者明确划分界线，极大降低教师工作的积极主动性。

看来，校长在校会上讲什么话，怎么讲话，应当是一个值得深入探讨的话题，那么，校会上校长的讲话应注意哪些问题，在我看来应把握以下几点。

立足实际，强化务实风格

校长是学校的教育管理者，是教育者，而不是教育行政官员。"千教万教教人求真，千学万学学做真人"。实施真教育，校长一定要讲真话，要杜绝"假话、大话、套话、空话"。校长所讲的每一句话都应当是肺腑之言，都应当是基于学校现状的理性思考，如此，才能让教师入脑入心，产生认同感，从而使教师主动付诸实施，服从校长的安排。

展示个性，彰显管理智慧

校长应当具有学者风范，应当是全体教师的引领者，校会是展示校长教育理念、管理思路、管理才华的重要舞台，也是树立校长威信的重要平台。校长的威信不是靠权力，而是以理念与才华支撑。因而，校长在校会上的讲话要尽量表达自己独特的想法，不人云亦云，不墨守成规，不固步自封，更不能说些尽人皆知、平庸无味的道理。要做到这一点，需要校长备足功课，博览群书，勤奋学习，刻苦研修，认真思考，做个有思想的智者，如此才能出语不凡，征服教师。

思路明确，引领指导到位

校长应当是学校的舵手，对学校的发展、工作的安排，必须具有明确的思路，给予教师方向性的引领，让教师知道向何处去，如何去。这种宏观性的思路至关重要，虽然不是事无巨细的安排，却是方向标、指南针、照明灯。如若校长思路不清、方向不明的话，势必会影响学校的教育改革与发展的进程。因而，校会上校长要对教师工作的安排，必须先具有明确的思路，为教师提供合理化的参考意见，以此推动管理的执行力。

人文关怀，凝聚团队精神

高效的管理不是靠等级身份来实现的，单靠行政权力推进工作不能培育教师的主体意识。优秀的校长应当会用人，用好人，激发每一位教职员工的积极主动性。而校会作为管理双方交流的重要平台，更是凝聚人心的重要舞台，校长要紧紧抓住这个平台，通过自己的语言艺术，让教师感受到校长的人文关怀，凝聚团队的力量，从而尽可能地让每一位教师感受到职业的认同感与幸福感。

如何摆脱事务性束缚

学校是一个集体，也是一个大家庭，校长是办学方向的引领者，学校发展的规划者，管理制度的制定者，人际关系的协调者。校长作为学校的负责人，对学校的各项工作不可能事无巨细，事事过问。只凭校长一个人精明强干并不能维系整个学校的稳步发展，必须要靠全体教职工的努力才能成就学校的辉煌。校长需要从繁杂琐碎的事务性工作中解放出来，专心思考学校发展的大事，这就需要每一位教职工都能够尽心尽职，勇于担当，主动承担自己的管理职责，为校长分忧。要做到这一点，不仅需要学校具有完善的管理体制，更需要校长有民主开放的管理理念与智慧。校长要善于激发教职工工作的积极主动性，善用人、会用人、巧用人，切实做到分工有序，各司其职，尽职尽责。如此，才能实现"校长在与不在一个样，管与不管一个样"的理想局面。

【案例一】

甲校宿舍水管破裂，后勤主任找到校长汇报："校长，大事不好了，宿舍的水管破裂了，怎么办？"校长立即指示："去，关上总阀门，我这就打电话找供水公司，让他们派人来处理。"后勤主任走后，校长嘴里不住地抱怨："唉，当校长真是忙呀！什么事都得操心。"

【案例二】

三八节快到了，乙校的工会主席找到校长汇报："校长，三八节快到了，您看，怎么为我们学校的女老师庆祝节日呀？"校长微笑着对工会主席说："你是怎么想的呢？"工会主席答道："给女教师每人送一把遮阳伞，并组织一次女教师会餐，校长，您看行吗？"校长点头说道："嗯，遮阳伞可以为女教师们带来阴凉，而会餐也是放松心情、彼此增进感情的好时机，想得很好呀！还需要搞点儿什么娱乐活动吗？""那就举办一次教师节日茶话会吧！全体教师都参加，也包括男教师，这样才有节日的氛围。"校长满意地说："好，就照你的想法去实施吧，做个预算，需要什么帮助，说一声。"工会主席听了校长的表态，高兴地离开了校长室，全身心地投入到三八节庆祝活动的准备工作中去。

【评析】

面对下属对工作的汇报请示，甲乙两校长的处理方式截然不同，甲校长习惯于自己作决定，结果让自己身陷繁杂的事务性工作而脱不开身，弄得身心疲惫，劳累不堪。这样的工作方式，也会助长中层管理者的惰性，从而使其在工作中遇到任何问题也习惯做个甩手掌柜，一推了之，交给校长处理。这就造成了校长忙、下属闲的管理困境。久而久之，学校的中层管理者对校长也产生了习惯性依赖，离开校长，学校的管理便处于无序放纵的状态。校长感到学校离开自己不能转，继而强化了自己的重要地位，殊不知，之所以造成这种局面，正是由于校长个人管理理念的错误所致，这也是校长管理水平低下的真实反映。

乙校校长显然在用人方式上较甲校校长技高一筹，同样是面对中层管理者的汇报，校长并没有主动接过下属抛来的工作，而是将问题反转给对方，引导对方做出行动决策，并适时提出参考性意见。在整个问题的处理过程中，中层管理者既是行动者，又是决策者，充分感受到了自己存在的价值，因而，工作积极主动性被充分地激发出来。校长不仅没有被烦琐的事务所累，还让中层管理者感受到了尊重与信任。不仅让自己工作变得轻松，也渐渐培养了下属独立决策的管理能力，有效强化了学校的管理机制。

【启示】

甲乙两校校长在工作中对烦琐性事务的处理态度迥然不同，也给予我们一些管理启示。现实教育生活中，校长为了不被烦琐性事务所缠绕，就必须树立科学的管理理念，正确认识自己的身份地位，尽可能地激发中层领导工作的积极主动性，以提高学校管理的整体水平。具体说来，应当注意以下几点。

主动放权，实施民主管理

校长具有上级教育主管部门赋予的教育行政决策权，有权处理学校教育教学中的一切事务。然而，校长更应当明白，拥有权力是为了更好地服务于学校教育，维系学校各项工作的开展，其真正目的是实现管理的高效。校长要用对权力，赋予中层管理者不同的管理权，尽可能地实施民主管理。学校中层管理者承担着学校子系统的管理任务，赋予他们一定的行政权与决策权，有利于他们创造性地开展工作，全身心地投入管理，认真履行自己的管理职责。所以，校长在教育管理过程中要明确责任，划清不同管理层的不同职责范围，不越权，不擅权，不惜权，主动放权。属于中层领导职责范围内的工作，不具体插手，只做意见性的指导，而自己则致力于学校部门之间的协调，以及学校大政方向的思考，如此，自然而然就摆脱了烦琐性事务的束缚。

尊重期待，充分信任下属

每个人都有被人理解、尊重、信任的需要。作为学校中层管理者，他们负责具体事务的处理，工作量大，任务重，如果得不到校长的理解与信任，就很容易产生懒散懈怠的情绪，从而对工作失去应有的激情。诚然，学校中层管理人员不可能具有校长那样宏观的事务处理眼光，娴熟的问题处理技巧，对管理工作的感悟与思考难免存在一些问题，但是，校长要学会用发展的眼光看问题，给予中层管理者充分的期待，给他们足够的信心，给他们自主发展的空间。校长要多问问中层管理者："你看怎么办？"多对中层管理者说："想得很好，有没有更好的解决方法？"校长对于中层管理者的期待与信任，势必会提升中层管理者的自信心，激发中层管理者的潜力，从而提高中层管理者的管理水平，这对于学校管理的效能也是极大的促进。

全力支持，提供坚实保障

将事务性工作完全交给事务性管理人员，不仅需要放权、信任，更需要校长的全力支持。校长是中层管理者的坚强后盾，是其强有力的支撑，中层管理者工作中遇到的问题当然需要校长全力支持。校长对于中层管理人员的支持一般包括以下几点：一是权力性支持。学校的具体工作难免出现交叉现象，超出中层管理者的职责范围，这就需要校长积极协调，妥善解决，给予必要的财力、物力、人力保障；二是智力性支持。校长作为学校的最高管理者，在处理问题的方法策略经验方面远远高于中层管理者，在中层管理者工作的过程中，校长也要给予智力支持，为其提出合理化的建议或意见，以及善意的提醒。

如何应对网络舆论

信息化时代，网络作为重要的信息传递媒介，愈来愈显示其重要的作用，基于网络的开放性与隐匿性，也常常被公众作为反映问题或心灵倾诉的平台。学校作为社会的一个小团体，难免存在这样那样的矛盾，教师对于学校管理的意见或建议，对校长的质疑和看法，也常常通过网络媒体的形式予以呈现。其中有积极客观的理性倾诉，当然也不乏歪曲事实的非理性发泄，这直接影响了学校的声誉，给学校带来了一定的负面影响。对此，学校应当理性分析，积极应对，正确引导舆论走向，将教师的网络意见作为学校管理的重要参考，以解决潜在的矛盾隐患，提升学校的管理水平。

【案例】

甲校教师认为学校绩效工资分配方案不公，意见极大，于是将自己对绩效工资分配方案的质疑发到当地的市民论坛。政府网络宣传部门将网帖转至教育主管部门，要求予以妥善解决。校长知道后，大发雷霆，在全体教职工会议上，称发帖人为"小人"，背后捅刀子。结果问题非但没能得到解决，反而呈现扩大化态势，这位教师继续将校长对此事的态度发布于网上，引起更多媒体的关注，严重损害了学校的形象，事态更是难以收拾。

乙校教师在网上发帖，声称学校新建的教学楼中间有较大的裂缝，用铁皮包裹，存在严重的安全隐患，怀疑是豆腐渣工程，请求有关部门查处。校长知道后，及时在网上回帖，解释教学楼中间的裂缝是防墙体膨胀及防震建筑设施，是教学楼建筑物必须设计的部分，并对该教师对学校的关注予以感谢。之后，在教职工大会上，校长再次说明事实真相，并向全体教职员工道歉，称自己没有及时与教师沟通，造成信息的不对称，引起了教师的误会，并表示在今后工作中主动接受群众监督，每一位教师可以随时到校长室表达自己的意见和建议。

【评析】

纵观上述两则案例，内容与形式极为相似，都是因为教师网络发帖而引发的管理问题。然而，两位校长的处理风格截然不同。甲校校长采取打压的方式，使问题逐渐升级，事态进一步扩大。乙校校长则通过有效沟通，理性反思，拉近了与教师的距离，平息了事态，让网络问题圆满地得到解决。两种解决方案很有代表性，不难看出，乙校校长的解决方案是理性而科学的，是值得广大校长借鉴的。在乙校校长应对网络意见的方案中，我们可以得到以下启示。

冷静对待，认真分析

面对网络帖子，校长要做的第一件事应是认真地研读教师发帖的内容，分析帖子与事实的距离及教师所要表达的意图、目的，为科学合理地解决问题提供必要的基础。教师对学校管理有意见，对校长本人有意见，并将意见通过发帖的形式公布于网上，说明教师具有强烈的主人翁意识。如若教师的网络意见合情合理，符合事实真相，那么，只能说明学校及校长本人的工作存在问题，有待进一步改善，教师的发帖起到监督帮助的作用，理应虚心接受；如若教师的网络意见与事实存在出入，校长也应当相信清者自清，只要说明真相，还原事实，网民定会公正对待。因此，不管教师网络发帖的内容是否属实，校长都应保持冷静的头脑，用平常心对待，不要因为倾诉平台的公开性而对网络帖子产生畏惧心理，从而引发不理智的行为。

客观说明，积极应对

网络信息传递具有快捷性与及时性，需要在第一时间予以积极应对，把握网民舆论的主动权，若不然，事态将难以控制。面对学校教师在网络发表的帖子，校长需要迅速做出反应，以客观事实为依据，做出必要的说明与回复。正如乙校校长那样，对于因信息不对称引发的误会，主动澄清，还原了事实真相，给教师及网友一个明确的交代，事件自然而然能够平息。而甲校校长面对教师对于绩效工资分配方案的质疑，更应当主动出击，将绩效工资分配方案的具体方案、设计意图、民主表决的程序等系列内容在网络上积极做出回应，避免教师的非理性质疑误导公众，而如若分配方案确实存在问题，校长也应在回帖中，主动承认自己的过失，寻求公众的谅解，并说明改进的措施。

坦诚相待，反求诸己

坦诚信任是理解的基础，面对教师的网络发帖，坦诚比什么都重要，校长只要将心比心，站在教师的角度看问题，多从自身角度查找原因，问题必然能够得到有效的解决。甲校校长面对教师的网络质疑，非但没有认真反省，反而恶意中伤，给教师的心理造成伤害，使事态升级；而乙校校长虽然自身没有什么过错，却肯于反思，找到教师网络发帖源于沟通渠道的阻碍，以博大的胸怀在全体教师会上做检讨。这非但不会损害校长的威信，反而会彰显校长的民主治校理念，让教师感受到校长海纳百川的胸襟。

畅通渠道，正确引导

教师作为素养较高的群体，他们有参与学校管理的念头，有表达自己意见与建议的权利。网络为教师参与学校管理、表达自己意见与建议提供了有利的平台。然而，网络的开放性与不可控性很容易被网友的非理性情绪所左右，让网络舆论走向发生偏移，从而影响学校的声誉与形象。教师网络发帖，从某方面来讲，正是因为学校表达正常诉求的渠道受阻，学校管理者应当畅通教师表达诉求的渠道，让学校每一位教师能够平等地与学校管理者对话。学校管理者可以通过面对面反映、校长邮箱、内部网站论坛形式，将教师的意见与建议控制在内部领域，避免问题扩大化，如此，不仅让教师的诉求可以在第一时间解决，也降低了问题解决的难度。

如何对待教师的建议

教师是学校的主人，学校的管理需要教师的积极参与。教师的建议可以拓宽校长的管理思路，转换校长的管理视角，完善校长的管理策略，提高校长的管理效率。校长应当广开言路，尊重教师的言论，倾听教师的建议，对教师的建议广泛搜集、认真分析、合理采纳。然而，在现实生活中，部分校长并不能做到这一点，他们以最高管理者的身份自居，对教师的建议置若罔闻，不但影响了教师参与管理的热情，与教师群体划分了界限，使教师对于学校的管理产生了离心力，严重地降低了管理的效能。下面两则案例就是因校长不能正确对待教师的建议而造成的管理失误。

【案例一】

端午节被列入国家法定节日，某寄宿制学校根据有关放假的文件进行调休，调休的时间为周四至周六，周日正常上课。学校低年级办公室的教师商议，将假期延长至周日，周一正常上课，周日的课程由下周六补齐。这样一来，假期变为四天，学生正好利用这几天的时间与家长团聚，自己也可以好好地休息一下。于是，教师们便派出代表小王向校长反映教师的建议。校长听后将小王狠狠地训了一通。小王很是郁闷，回到办公室向教师们说明了情况，教师们对校长的行为也很是不满，从此以后，再也没有人向校长提出建议了。

【案例二】

某校学生上网成风，学校屡禁不止，于是，校长拿出管理意见，制定相应的处罚条例，对上网的学生进行一定的经济处罚。一段时间后，学校上网之风有所遏制，校长对于自己的管理方式很是满意。但是，善于思考的李老师对此种管理方式存在着不同的看法，认为以罚代管的教育方式不可取，虽然表面上能够刹住上网之风，却是一种强压式的管理策略，容易引起师生矛盾、家校矛盾，也不利于学生树立正确的金钱观、价值观。他将自己的想法反映给了校长。校长听后，反问李老师："如果没有处罚的政策，学校的风气能够像现在这么好吗？为什么以前学生上网屡禁不止，李老师，如果你有什么更高明的办法可以教育管理好学生，我虚心接受。"李老师听后，一时无语。

【评析】

上述两则案例中的校长都没有正确对待教师的建议，从而造成了一定的负面影响。案例一中，校长的错误在于没有给教师说话的权利，没有意识到小王老师的建议不仅代表了小王个人，还代表了低年级办公室教师群体的意见。虽然小王老师的建议提出得不够合理，假期的制定应当严格按照上级教育主管部门的规定，学校不能自主调课，但是校长不能对教师一味地严厉批评。教师能够敢于向校长说出自己心中的想法及愿望，说明了教师对校长的信任。教师提出延长假期的建议也是站在学生的角度考虑，因为对于低年级学生来说，长期寄宿在学校，得不到家长的关爱，难免造成亲情缺失，对学生成长是不利的。因此，校长面对小王老师提出的建议，需要做的第一件事应是站在教师的角度着想，询问教师提出建议的理由、目的及合理性，而非大加批评、打压、制止。其实，教师对于延长假期的建议并非要求学校全盘采纳，校长只要耐心倾听，与教师说明情况，教师也一定会欣然理解，并不会产生干群矛盾。

案例二的校长，能够给教师说话的机会这一点值得肯定，但是对于教师提出的建议并没有用心分析。其实李老师的建议不仅科学，而且合理，学校采用经济处罚的方式管理学生的行为存在着严重的问题，不符合教育教学规律，而李教师洞察了这一问题，并积极主动地与校长进行了交流。校长首先应当肯定李教师参与学校管理的热情和勤于思考的做法，然后分析李老师建议的合理性，并由此反思自己的管理行为，与教师共同探讨科学合理的教育管理方式。很可惜，此位校长并没有这样做，因此失去了一次很好与教师探讨管理问题的机会。

【启示】

校长应当正确对待教师的建议，这不仅是民主管理的需要，也是拉近干群关系、改进学校管理方式的重要手段。学校管理者应当从上述两则案例中受到一定的启示，从而正确对待教师的建议。校长应该如何对待教师的建议呢？我认为需要做到以下几点。

认真倾听

对于教师的建议，校长应当给予教师表达的机会，让教师敢说、肯说、愿说。校长应当做个倾听者，从高高在上的管理者的姿态中解脱出来，与教师平等地坐在一起，给教师说话的权利，让教师大胆地说出自己心中对于学校管理的建议或意见。

合理分析

对于教师的建议，校长应当保持清醒的头脑，认真地加以分析，不能不问青红皂白地全盘否定，也不能不加辨别地照单全收，要用自己的教育智慧、管理经验理性地加以分析、判断。校长应对教师建议中的合理性成分大加肯定，对于不合理成分提出自己的观点，并与教师展开深入的讨论，在讨论中明晰彼此的思路，让建议更加合理，这样将更加有利于学校的发展。

积极采纳

对于教师建议中的合理内容，校长并不应仅限于口头上的肯定，而应付诸实施，将其转化为学校管理中的具体策略与行为，在实践中证明真伪。校长应用实际行动展示民主管理的作风，以及对教师建议的尊重。

学校的管理需要群策群力，发挥集体的智慧。每一位教师都是一笔宝贵的财富，校长应当为教师创造机会，让教师大胆地提出自己的建议，为校长管理学校提供智力支持，为学校的发展贡献自己的力量。

如何设计校园物质文化

【案例】

某地教育局实施校园文化推进活动，甲乙两校纷纷响应教育局的号召，大力推进学校文化建设。甲校花大钱购买厂家统一制作的文化标牌，制作精细，装饰精美。乙校生源较少，财力不足，校长积极发动师生参与，装饰校园，校园走廊、教室、宿舍、食堂所有的标牌、标语均由师生自主创作，一幅幅充满生活气息与个性风采的作品使校园熠熠生辉。

【评析】

让墙壁说话，让环境育人。学校环境是校园文化的重要组成部分，也是校园文化重要的物质载体。文化标牌可以反映一所学校的办学理念，可以折射一所学校的精神内涵。文化标牌决定着学校的文化品位，也是校园文化建设中不可或缺的重要元素。

纵观甲乙两校的文化标牌，不难看出，从制作精致与精美的角度来讲，甲校的文化标牌或许略胜一筹。然而，我们也不能不承认，甲校的文化标牌充满着商业的世俗气，虽精美却缺乏学校的本土气息；虽精致却失去师生精神的融入与参与；虽华丽却显形式统一的呆板。这就如同诸多城市除了宽阔的马路，就是林立着高楼大厦一般，没有城市独有的特色文化元素，没有让人过目不忘的特色魅力。

相反，乙校的校园文化标牌，虽看上去过于简陋，却属于学校独有，从图案的设计，到内容的选择，再到样式的打造，均出自师生之手，这样的文化标牌具有浓郁的本土特色与独特风格，固态的物化形式之中注入了学校独特的精神内涵。从文化的角度来讲，不能不说乙校的文化标牌更具有特色。

甲乙两所学校的校园文化标牌很具代表性，从这两所校园文化标牌的制作形式，我们可以对当下校园物质文化构建的方式与形态窥视一二。而诸如甲校做法的学校并不少见，无论对于校园文化标牌的制作也好，对于校园环境的布置也好，都过于统一化、简单化、商业化。学校的物质文化缺乏学校独有的精神气质，缺乏师生共同参与的智慧与灵气。

那么，学校到底需要什么样的物质文化，什么才是优质的校园文化呢？这确实需要每一位学校管理者深思，在我看来，学校管理者在构建校园物质文化时不应忽视以下几点。

物质文化是精神文化的承载形式，应当反映学校独特的精神内涵

校园的固态物质不仅具备实用价值，也具备学校独有的教育价值，以文化视角看待固态的物质，就会发现其中重要的教育元素与课程资源。教育管理者要尽可能地赋予校园物质形态以充足的教育资源，将校园的固态物质注入学校独特的精神内涵，要让校园的固态物质会说话，而且会说学校特有的"文化"。诸如校园文化标牌，其文字、图案、版式都应与学校独特的精神气质相统一，应当反映学校深刻的思想内涵。通过金钱购买的标牌显然是外来移植的产物，难免会出现水土不服、不伦不类的窘境，而通过这种商业化运作的形式构建的校园物质文化也难免影响了学校整体的校园文化建设，破坏了校园独特的文化氛围。

物质文化是师生共同审视的对象，应当充分汲取师生集体的智慧

师生应当是校园文化的参与者与构建者。无论是精神文化建设，还是物质文化建设，师生都应当是参与的主体。师生参与的过程，同样也是文化创新的过程。学校管理者要相信师生的能力，发现师生集体的智慧，将校园物质文化建设的主

动权交给全校师生，尊重他们的意见，倾听他们的想法，赋予他们以机会，给予他们以平台。通过师生智慧的彰显与体现，提升校园物质文化的包容性与开放性，让校园物质文化更具人情味。

物质文化是校园历史的积淀，应当具有文化的延续性与稳定性

校园物质文化是校园精神文化的外在体现，是校园师生长期积淀、发展、补充、完善的产物。因而，物质文化应当具有一定的延续性与稳定性，学校管理者不能任意而为，凭自己的意志设计，随自己的想法而改变，应当尊重历史，尊重过去。如此，才能体现校园文化的厚重与深刻。诸如对校园树木的保护、对学校档案资料的保管等。

如何成长为"管理高手"

【案例】

暑期，某中心校对所辖村小进行重大的人事调整，将学校两位年轻的市级骨干教师任命为校长与副校长，以此加强学校的管理工作。然而，在开学初教育局督导检查中，这所学校无论是环境管理，还是教学业务管理均没有任何起色，甚至出现倒退现象，学校管理一片混乱，中心校长不免心生疑问：为什么两位优秀教师，却担负不起学校管理的重任呢？

【评析】

校长本着有利于教育事业的发展、提高学校的办学水平、从学生的幸福成长的角度，将一批年富力强、精通教学业务的优秀教师提拔到管理岗位上来，以期给予其更大的发展平台，助推学校的长足发展。这样的想法是正确的。但是，教学工作与教育管理工作可谓是两个不同的专业，二者虽存在一定的关联，但并不能说教学水平高的教师就一定能够胜任管理岗位的工作。一流的教学水平确实为教育管理工作提供了坚实的基础和有利的条件，但能够教好一个班级，并不见得能够管理好一所学校。优秀教师走上管理岗位，必须经过一定的专业引领，需要本人不懈的学习与努力，如此，才能完成二者角色的转换，使教学能手迅速成长为管理高手。

现实中，诸如特级教师窦桂梅、薛法根、王崧舟等名师，他们不但在学科教学专业领域达到了一定的高度，也在教学与管理角色转换中切实做到了游刃有余，在学校管理中取得了一定的成绩。那么，一线优秀教师如何实现华丽转身，成长为优秀的学校管理者呢？我认为，应当做到以下三点。

勤于学习，勇于做虚心的求教者

学习使人进步，学习是发展的动力。一线优秀教师，哪怕是名师，他们的专业特长在教育教学，而教育管理并不是他们的专长，甚至有可能是他们的短板与弱项。既然担任了教育管理的重要职位，优秀教师就应当充分认清自己的角色，尽快实现角色自我认知的转变。面对新的管理岗位，优秀教师首当其冲需要做的便是虚心学习，就像当初钻研教育教学那样钻研教育教学管理的艺术。向书本学，学习专业的教育教学管理理论，以理论为指导，更新自己的教育观念，扩大自己的知识视野，走进博大精深的管理学领域。向优秀的教育管理者学习，学习他们先进的教育教学管理经验，学习他们应对教育管理中各类复杂问题的方法，学习他们处理人际关系的能力，学习他们为人处世的技巧。向普通教师学，优秀教师走向管理岗位，由一名普通教师转变为一名教育管理者，他们从群众中来，更应当到群众中去，多倾听群众的呼声，多了解老师们的意见，以平和的心态征询每一位教师的建议，在管理过程中遇到难题也应当尽量实行民主决策，集思广益，做到大家共同解决。勤于学习、虚心求教不仅是优秀教师走向优秀管理者必须走过的历程，更是优秀教育者须具备的、最基本的素养。这种虚心的态度、求学的精神必须长期坚持下去，伴随其成长的每一个脚步。

热衷思考，乐于做坚韧的探索者

"路漫漫其修远兮，吾将上下而求索。"学无止境，教海无涯，教育管理更是一门高不可测的科学，同样需要坚持不懈的努力探索。每一所学校都有自己的历史积淀，都有自己的发展优势，都有自己的独特魅力。优秀的教育管理者就是要立足学校实际，尽可能地调动学校全体师生的积极主动性，充分利用学校既有的教育资源，尽可能地促进办学水平大幅度提升。作为"优秀教师"成长起来的"管理新手"，需要一股初生牛犊不怕虎的精神，不怕困难险阻，不满足现状，不断学习，不断思考，不断求索，在教育管理的全新征途上做个坚韧的探索者。教育管理需要智慧，智慧来源于思考，优秀教师要做教育管理的有心人，认真思考每一处教育细节，立足学生的身心发展特点，放眼学生的长远未来，结合学校独具特色的教育实际，思考、探索、实践能够助推学生成长的每一个活动、每一项制度、每一处标语，使教育管理像课堂一样充满无穷的魅力与趣味。当然，探索的过程充满了艰辛、痛苦，甚至是磨难，但是，只要优秀教师乐于接受这种艰辛与磨难，探索终究会有结果，教育管理注定会有成效。

守住本土，坚持做专业的引领者

优秀教师走上教育管理岗位，突出的优势在于精于教学、专长于业务。这是其管理的底气与威信所在，因而决不能随意丢弃。但一些优秀教师一旦走上教育管理岗位，便离开了教学一线，疏于教学，把自己的教学专业优势抛弃殆尽，这不但是教学专业的损失，更是教育管理的损失。事实上，教学专业优势在很大程度上可以提升管理水平，能够将管理引入佳境。众所周知，教育教学是学校的中心工作，教育管理的根在教学，目的在于提高教育教学质量。学校离开教学业务，一切都是空谈，高效的管理就是要提高教师的专业发展水平，促进教育教学质量的提升。具有优秀教师身份背景的教育管理者，可以更好地对普通教师进行教育教学业务指导，而这种教育教学业务指导是民主平等参与式的，而非高高在上的指令式。这样的指导更接地气，更能被普通教师所接受，更具亲和力。由优秀教师成长起来的教育管理者，要紧紧抓住自己固有的教学专长与优势，在教学专业引领上做足文章，在教育教学研究上下真功夫，以自己的专业特长带动教师的专业能力；以自己的专业精神激发教师的专业激情；以自己的专业追求引导教师的专业成长；以自己的专业坚守助推自己的管理水平。

教学能手也能够修炼成为管理高手，关键还在于教师自己的努力。

如何实现学校民主管理

民主管理是提高学校凝聚力、向心力的重要途径，是化解潜在矛盾，预防不稳定因素的重要法宝。学校管理需要讲求民主，只有民主才能做到"以人为本"，才能充分发挥每一位教师的才智与力量，群策群力，从而使学校的各项工作走上科学化、正常化、秩序化的良性轨道。因而，学校管理者要将民主管理作为学校管理的重要原则，切实发挥民主的重要作用。然而，民主管理却要讲求方式方法，只有程序科学合理才能发挥作用，若不然，民主只能成为无序管理，影响教育管理者的科学决策。下面两则案例就是因为学校管理者滥用"民主"而造成的管理缺失。

【案例一】

年度评优，某校优秀教师的名额为五位，但教师总数有五十人之多，如何合理分配优秀教师名额，管理者大伤脑筋，最后决定采取"民主"策略，将决定权交给全体教师，实行投票选举，将优秀的名额授予得票数前五名的教师。投票结束后发现，教师得票数非常均衡，大多数人是两三票，而得五六票者就为高票，且是平时工作并不认真，教学成绩并不突出者。对于这个结果，管理者虽然感觉不太妥当但也没有办法，这毕竟是大家民主选举出来的，于是便将优秀教师的名额给予了这样一些人，结果是怨声载道。

【案例二】

某校讨论绩效考核方案，采取集思广益、民主讨论的方式，让全体教师参与，讨论中出现两个阵营：一个阵营多为年长者，他们强烈要求绩效工资充分考虑年限、职称、工资基数，将其作为考核的重要分值；另一个阵营则是年轻人居多，要求仅从教学成绩、科研水平、获奖情况、教学实际能力核算。管理者无奈，最后实行民主投票决议，结果年长者阵营因人多"获胜"，而这套方案无疑深深地打击了年轻教师的工作热忱，绩效工资的激励作用根本没有得到有效发挥。

【评析】

上述两则案例，均是由于管理者滥用"民主"而造成的管理失误。两位校长在管理过程中看似均采用了民主讨论的方式，将决策权交给了普通教师，让教师通过讨论、投票决定。按理说，民主决议的结果应当是符合大多数教师意愿的，应当起到积极的管理效用，但结果适得其反，对教师也产生了一种反引导的作用。

其实，民主管理本身没有错，只是在这两个案例中民主手段使用的程序发生了错误。对于第一则案例，管理者并没有真正理解优秀教师的含义。诚然，僧多粥少，每一位教师都想获得优秀教师的荣誉，但是能够获得此荣誉的教师必须限定在优秀教师群体之内，而非面对全体教师。因而，民主决策就是通过科学合理的程序，让全体教师将最优秀的教师公选出来。管理者采取民主投票的方式没有错，只不过遴选的程序出现了断层，对优秀教师的界定不明晰。优秀教师需要一个科学的标准，包括教育教学水平、教育科研能力、教育教学成绩，这是基础与根本，也是底线，只有通过有效的程序将这些优秀教师遴选出来，最后将投票决议的对象缩小到一定范围之内，再采取民主决议才可能是科学有效的，所选出的优秀教师才是名副其实的，才是可以服众的。

第二则案例，实行绩效工资的真正目的是打破教师年限、职称、学历、资历等外在的分配因素，而直接以教育教学能力及教学实绩作为考核分配的依据，这是原则，也是底线，绩效分配方案只有在这条底线之上实行民主讨论才是有价值的。在讨论中，老教师的意见显然是不科学的，也是绩效工资应当摒弃的，管理者无视年轻教师意见的科学性，盲目实行投票决议，显然是一种错误行为。

可见，科学的民主决策应当遵从以下原则。

学校管理者实行民主决策之前应形成初步的方案

管理者要正确认识民主决策的对象与内容，对于民主监督下的规章制度应当成为学校管理的行为准则，在其指导下的管理行为并不需要再行采取民主决策的方式予以认定。而处理重大问题、新型问题、棘手问题，在实行民主决策时，管理者也应当依据学校现行的规章制度，制订初步方案，让民主决策不与规章制度相冲突，才不会漫无边际。

管理者在民主决策过程中要注重正确的价值引导

在民主决策过程中，管理者要站在科学理性的角度上对教师实行正确的价值引领。当然价值引领不是限制教师的决策权，而是通过引领，让民主决策的结果朝向科学、合理、积极、有效的方向发展，以保障民主决策的科学性。

学校民主决策的结果要尽可能保障大多数教师的利益

民主决策要为学校绝大多数的教师服务，要保证程序的合理性，广泛意义上的公平公正。虽然，每一位教师在民主决策的过程中，或多或少地顾及个人利益，但是民主决策的交集部分、公认的部分却趋于一致，这点应当被充分认识，从而尽可能地保障大多数人的利益。

建立现代学校必须建立健全科学的民主管理制度，让教师充分参与到学校的管理中来。教职工代表大会制度是实现学校民主管理的重要方式与措施，学校管理者要善于用好这一载体，尽可能地让广大教师参与学校的民主管理，扩大民主管理的范围，提高决策的水平。那么，如何用好这项制度，推进学校民主管理的进程呢？我认为应当把握好以下几点。

转变管理观念，实现合法参与

《中华人民共和国教育法》第30条指出："学校及其他教育机构应当按照国家有关规定，通过以教师为主体的教职工代表大会等组织形式，保障教职工参与民主管理和监督。"这是国家教育法规对于教职工合法权利的明确规定。学校管理者应当充分认识教师民主管理对于学校管理与发展的重要意义，从而给予教师合法的参与管理的权利。学校管理者应当给予教师充分的尊重，利用教师集体的智慧，将民主管理机制引入校园，保证教师对学校事务的"知情权、参与权、建议权、审议权、监督权"，为教职工代表大会制度的确立提供理念的支持及权力的保障，确保教职工代表大会存在的合法地位，以及在学校管理中的重要位置。普通教师也应当正确认识法律赋予自己的权利，积极争取民主管理的机会，给予管理者必要的提醒与督促。

扩大与会主体，实现全员参与

教职工代表大会制度，从名称上看，是一种二次民主与间接民主，是教师通过选举代表以实现参与学校管理、行使自身权利的一种形式。在中小学校教师人数不多的情况下，实行教职工代表大会制度完全没有必要，代表制不仅复杂了教师参政的程序，增加了管理成本，而且不利于教师真实意愿的表达，也在某个程度上降低了教师参与管理的实效性。因此，不妨将教职工代表大会制度改之为教职工大会制，从而简化会议程序，强化民主管理的直接性，保障每一位教职工合法的参与权。

完善沟通渠道，实现过程参与

教职工代表大会应当成为管理者与普通教师沟通的渠道、交流的桥梁，只有保持沟通渠道畅通无阻，教职工代表大会才能对学校管理产生积极的作用。要保障这种沟通渠道的畅通，首先，需要将教职工代表大会常规化，明确规定教职工代表大会召开的时间及启动程序，保证教职工代表大会能够顺利召开，学校教师在学校决策重大事务时能够及时与管理者沟通；其次，需要建立常规的沟通渠道，教职工代表大会在平时也应突显其民主管理的重要职能，学校管理者应当充分给予教师反映问题与参与管理的平台与机会，以保证教师能够及时与管理者有效的沟通。

建立反馈机制，实现有效参与

教职工代表大会制度的真正目的是保障教职工参与民主管理与监督，要实现这一目的，就需要建立科学的反馈与问责机制。对于教职工代表大会提出的中肯意见及合理化建议，管理者的采纳及整改行动需要接受教职工的监督，教职工代表大会针对学校管理中存在的问题有权对管理者进行质询。当然，这项制度的建立需要教育主管部门赋予一定的权力，也需要学校管理者的积极配合。

让教师参与管理学校，实现民主管理，不仅是学校管理科学化、现代化、优质化的需要，也是充分关注教师，提高教师工作积极性的需要，更是学校发展的需要。

如何用好情感的力量

【案例一】

一位干练的女校长，对待工作雷厉风行，对该学校的教师更是严格要求，教师只要稍有闪失，便予以严厉批评。然而，就是这样一位女校长，在学校却颇具影响力，无论是中层管理者，还是普通教师，都十分支持她的工作，尊重她的意见。原来，在女校长严厉的另一面却是亲和与温情。全校教职工，无论谁家有什么困难，不管是工作还是生活，女校长都会尽力帮助解决，而且很多时候，都是在教职工完全不知情的情况下，默默去做。全心付出，必然得到丰厚的回报，这也是这位女校长能够顺利开展学校工作的基础。

【案例二】

一位校长到新校履新，前任校长虽然退休，但是仍在校内居住，凡事都想搞特殊，以致影响了学校新制度的执行。新校长为了规范财务管理，将教师报刊订阅的标准核定在300元，可前任校长依然按自己的需要超额订阅。对此，新校长并没有与前任校长理论，而是私人掏腰包垫付。类似的几件事，让教师感受到了新校长的包容心与博大的胸襟，前任校长在新校长的人格魅力下，也倍感惭愧，转而支持新校长的工作。

【评析】

桃李不言，下自成蹊。凡事皆有因，女校长严厉的管理模式能够高效运转，具有超强的执行力，确实是一个值得研究的课题。是女校长的严厉性格使然吗？显然不是，教师之所以对校长极为尊重，其根本原因还在于情感的力量。人是有感情的，学校管理亦是如此，任何刚性的管理措施，实施主体与对象是人，再科学的制度，不管多么细致，多么缜密，如果没有"人"的支持，终究会失去其应有的作用，不可能成为理想的管理模式。因此，必须引入情感的力量。这也就是刚性管理必须体现人文关怀的原因之所在。女校长用情感支撑着自己的威信，温暖着人心，凝聚着团队，从而让管理者与被管理者在彼此的信任中实现管理的和谐与高效。

而对于第二位校长而言，面对管理的阻力，他并没有采取强硬的措施予以应对，激化矛盾主体，而是用润物无声、春风化雨的方式，慢慢渗透，渐渐融合。公道自在人心，每位教师心里都有一杆秤，这位校长用人格的魅力与情感的力量，化解了管理的坚冰，厘清了管理的关系，轻松自在地解决了管理中存在的难题。

在学校管理中，不能忽视情感的力量，情感是最有效的黏合剂，那么，学校管理者如何用好情感的力量，提高管理的执行力呢？在我看来，应当做到以下几点。

用信任激活自尊

马斯洛认为，每一个人都有被别人认可、尊重的需要。教师需要管理者的信任，信任可以拉近彼此距离，信任需要真诚，不能信任别人就不可能得到别人的信任。信任可以激发教师的主体意识，让教师感受到自我存在的价值，体验到自我的尊严。理性的管理者应当充分信任每一位教师，因为学校运转机体是靠一个个岗位组成，即使校长的个人能力再强，中层管理者力量再大，也不可能独立支撑起整所学校的有效运转，信任学校每一位教职工，给予每一位教职工足够的自主权，相信他们能够胜任自己的岗位，细化任务，明确职责，管理者将信任的种子根植在每一位教职员工的心里，情感的枝叶就会向上生长，而管理的效益就会日渐凸显。

用理解打通隔阂

管理者需要换位思考，时常站在他人的角度着想。当面对管理的阻力，面对反对的群体，管理者要放低姿态，以包容之心理解他人。有了换位思考，再重新审视自己的管理，调整自己的管理思路，规避不合理的因素，管理便会获得被管理者的支持。再者，管理者与被管理者心理的隔阂需要靠理解来打通，管理者要学会沟通，通过沟通与交流，真正征求被管理者需求，如此，才会减少管理的阻力。

用关爱拉近距离

学校管理者要以仁爱之心关爱每一位教师。无论是在工作上，还是在生活上，要关心教师的专业成长，关心教师的家庭生活，关心教师的思想动态，尽可能地帮助教师解决实际问题。以爱促爱，管理者对教师的关爱必然能够引发连锁反应，增强学校的凝聚力与团队精神，从而让爱的力量成为工作的重要推动力。

用细节打动人心

情感是靠细节编织起来的，管理者偶然的举动，不经意的细节，就有可能给教师带来巨大的心理满足。因而，管理者要善于用细节的温情触动教师最敏感的心弦。诸如：三八妇女节给全校每一位女教师发送一条短信，捧上一束鲜花；在教师生日时，给教师办个生日聚会，让教师感受到被人关注的幸福；在教师参赛获奖、论文发表时，予以全校表扬奖励，让教师感受到成功的快乐、被他人认可的幸福。

在学校这个组织结构中，情感的力量不容忽视，也是高效管理不可或缺的重要因素，管理者运用好情感的优势，倾情付出，以情化人，会极大程度地激发教师的主动性，得到教师的认同与支持，让学校的各项事务朝着积极的方向发展。

如何创建特色学校

时下，特色学校建设是教育领域的热点话题。教育主管部门通过特色学校，推进学校内涵式发展，提升区域教育质量。学校通过特色学校创建，提高校园文化品位，凸显学校办学理念，彰显学校办学特色，树立学校教育品牌。特色学校建设作用与重要意义毋庸讳言。它让学校管理者系统梳理学校的办学思想，充分挖掘学校的发展潜力，逐步形成学校的文化核心，深入挖掘学校的精神内涵，避免千校一面的发展困境，实现学校个性发展、创新发展、突破发展。那么，学校如何实施特色学校建设，如何让特色学校建设成为学校发展的助推器，推动学校内涵发展呢？在我看来，应切实关注以下四点。

特色学校需要遵循教育共性，贯彻教育方针

教育学是门科学，科学是有规律的，学校开展教育教学活动必须遵循教育法则。教育科学的规律就是学校教育的共性之所在。特色学校建设，重在学校发展的个性，教育个性不是脱离教育共性之外的独树一帜，也不是另辟蹊径的全面创新，而是对教育共性的拓展、延伸、挖掘、深化，具体到学校教育目标与方向上，贯彻落实党的教育方针，全面立德树人，全面实施素质教育，培养德、智、体、美全面发展的社会主义建设者和接班人，就是教育的共性。特色学校建设突出的个性化目标，既不能违背党的教育方针，也不能背离教育的宗旨，而是教育方针的具体化、形象化，这是学校特色化建设必须遵从的教育原则。

特色学校需要遵循学校实际，突出全员参与

每一所学校都是独一无二的，由于地理环境、文化传承、历史积淀、师资队伍等办学各项要素不同，学校充满着无限的个性品质。因此，每一所学校都应当是有别于其他学校的特色学校。只不过这种特色因为没有被发掘，没有被诠释，而不为外人所知。因此，特色不明显、个性不鲜明。特色学校真正的意义在于引导学校管理层全面审视学校，准确定位学校发展，找准学校的优势与发展的增长点，促进学校的自我变革。特色学校建设就是学校发现自我、反思自我、提升自我、超越自我的过程。特色学校教育应当遵从学校实际，绝不能实行"拿来主义"，坐等"专家"包装、照搬照抄，而是基于学校个体"基因"自然生长。在创建特色学校的过程中，要突出学校的全员参与，让全校师生参与校园文化历史的梳理与学习，参与办学理念的总结与提炼，参与学校特色的实施与融入。只有全员参与的特色学校才是具有群众基础的学校，才能让特色生根、发芽、开花、结果。让每一位师生都成为特色学校的创造者，让校园的每一个"神经末梢"都充满着师生的智慧，从而让特色学校更具人文内涵，更有人文情怀，更显人性魅力。

特色学校需要遵循表里如一，注重整体推进

特色学校的建设不能为了特色而特色，不能只重形式，而忽视实质。就如常用的"打造"一词，所谓的"打造"是附加之外的硬性包装，没有主体积极主动的融入，势必造成特色学校建设概念化、口号化、形式化、片面化。诸如有的学校以音乐为特色，着力打造"音乐特色学校"，结果，只是将学校具有音乐特长的学生集中起来，每天练习曲目，并经常参加各级大赛，以获取奖杯，赢得荣誉。这样的"特色"充其量只是学校的一个特色项目，学生的一项特色活动，而不能称之为真正的"音乐特色学校"。"音乐特色学校"的内涵是丰富的，受众是全体的，推动是立体的，不能仅盯着少数学生的特色项目，而应立足于全员参与的

全面发展，通过音乐来培养全体学生的艺术修养，提高学生的审美兴趣，提升学生的文化品位，让每一个学生都能感受到优雅的生活品质。这才是真正的"音乐特色学校"，这样才能做到特色的具体化、实际化、立体化、全面化，而非表里不一，以偏概全，名不副实。因而特色学校建设要注重整体推进，以统筹思维，彰显特色的内涵意义。

特色学校需要遵循与时俱进，强化自我发展

一所学校有一所学校的特色，这种特色是文化积淀的过程，是师生共同创造的过程，同时，也是不断创新与发展的过程。随着学校办学环境的改变，校长的更替，师资队伍的优化，学校教育工作者对教育的理解与认知也在发生着变革，对特色的定位也将重新思考与认识。因而，特色学校的特色不是一成不变的，要遵从与时俱进的原则，不断发展、不断创新、不断完善、不断突破。要基于时代需求与学校发展阶段性特点，对学校办学理念、文化特色、发展定位等实施再挖掘、再总结、再凝练、再提升、再创造，让学校的特色发展能够经受住时代的考验，不断引领学校稳步攀登更高的巅峰。当然这种与时俱进是在继承中发展，螺旋式上升，而不是对前者的彻底否定。

如何分配培训机会

在新课程改革日渐深入的今天，自学提升、校本研修、外出学习是教师专业化发展的重要途径。外出学习、接受专业培训对于开阔教师视野、更新教师观念、提升教师素养具有重要的推动作用。但是就学校教育的实际情况而言，并非每位教师都能拥有接受培训的机会，因为经济及时间等各方面的原因，能够接受培训的教师毕竟只是少数。对于这有限的培训名额应如何分配，需要学校管理者深思，如若处理不善，好事也能变成坏事，甚至成为矛盾产生的根源。下面两则案例便是因为培训机会处理不当而造成的管理尴尬。

【案例】

某省教育厅下达了骨干教师培训的通知，按照规定，每所学校都有两个培训名额。

甲校：该所学校教师总数很少，只有二三十位，教师学习氛围并不浓厚，学校管理者对这次培训学习亦不重视，只是在校会上随口一说，让教师自愿参加。但因为培训时间在假期，占用了教师自己的休息时间，所以教师们你推我让，没有人愿意参加。学校管理者很无奈，最终只能硬性指派两位教师参加。

乙校：该所学校教师总数比甲校数量多，达六七十位，平时学习氛围很浓，教师主动学习的愿望比较强烈。这次培训名额的分配让管理者大为头疼，让谁去不让谁去成了一个难题。最后经校领导研究决定，将培训的机会偷偷给了两位平时表现比较突出的老师。为了避免不必要的矛盾，并没有在学校教师会上公布，也没有贴出相应的告示。结果，没有得到机会的教师通过其他渠道得知这个消息后怨声载道，两位被推荐接受培训的优秀教师也因此背负了沉重的思想压力。

【评析】

对于甲校而言，为什么有限的培训名额却无人问津呢？从根本原因来看，是因为学校学习氛围不浓厚，从外在原因来看，是因为培训的机会并没有体现激励先进、表彰优秀的作用。培训机会在学校领导、教师眼中成了任务、负担，甚至是苦差事。俗话说"物以稀为贵"，机会也是如此，如果机会来得太过容易，不需要任何努力便可得到，就很难让获得机会的教师去珍惜，更难以调动教师参加学习培训的积极性，影响了教师参加培训的热情。

对于乙校而言，由于学校管理者对于培训机会的重视，看到了外出学习对于教师专业发展的重要性，看到了学校教师对于培训机会的渴望，因而将机会让给了优秀的教师。从中可以看出学校管理者是将培训机会当作激励教师的重要手段，但可惜的是，这种激励范围局限在个别优秀教师之中，没有面对全体教师，没有充分体现公开透明、公平竞争的原则，没有让全体教师都参与到培训机会的争取之中。这对于学校大部分教师来说是不公平的，因而产生不良的后果。

【启示】

如何利用培训的机会，发挥教师培训活动的最大效益，避免不必要的矛盾，学校管理者应当从上述两所学校的事件中受到一定的启示。

正确对待培训的机会

学校管理者应当充分认识培训活动的作用、效益、意义，高度重视培训活动对于教师专业化发展的促进作用，将培训的机会纳入到教师激励机制之列，作为奖励教师业绩的重要手段，作为教师价值体现的重要方式，作为对教师教学能力的一种认可与肯定。

合理分配培训的名额

对于培训名额的分配，学校管理者应遵循公开透明的原则，做到公开、公平、公正，面对全体教师，从教师的工作表现入手，将培训的机会让给最优秀、最需要的教师。可以将培训名额的分配与学校整体的激励机制联系起来，采取科学合理的方式与方法予以展开。例如，班主任、骨干教师培训的机会可以与学校的优秀班主任评选活动结合起来等。

发挥培训的集体效益

参加外出学习培训的教师毕竟是少数，如何将培训的效益发挥到最大，如何让全体教师都能在培训中受益呢？我认为，参加培训的教师不仅需要学习吸收的过程，还要有一个传授输出的过程。外出学习培训归来，参训教师应当将培训过程中接受的新观念、新思想、新方法，自己的学习收获、学习体会、学习成果传达给未参训的教师，与本学校全体教师共同分享。这不仅是对培训内容的进一步升华，也是教师受教育机会均等的一种重要体现。

以培训活动为突破口，将机会分配与激励机制结合起来，与教师专业化发展结合起来，与学校全体教师的学习活动结合起来，充分发挥培训活动的重要作用，让培训活动发挥最佳效益，需要学校管理者积极引导与实践探索。

如何深入推进"双减"

2021年秋季新学期，中小学最大的变化是全面推行"双减"政策，"双减"政策是基于国家人才培养战略，深化教育改革与教育综合治理、推进教育现代化的重要举措，是中央对教育工作的方向性引领。一分部署，九分落实。顶层设计已经绘就宏伟蓝图，具体落实需要基层学校一步一个脚印，认真贯彻执行。

成败关键在学校

"双减"是项系统的工程，需要统筹协调、全面推进，最终落脚点还是在学校。无论是校内减负、校外培训机构治理，还是缓解家长的教育焦虑，其核心与关键问题还在于提高校内教育教学质量，对此，学校的责任无比重大。

要全面推行"双减"工作，学校教育需要系统性改革，从教育理念到教育方式，再到教育评价，都需要发生裂变，产生深度变革。如此才能顺应改革形势，保障"双减"政策真正落地。

牢固树立全面发展理念。理念决定行动，思想决定方向。落实"双减"，首先需要明确方向性问题。学校要转变教育观念，坚持有教无类的思想，确立学校教育应面向全体学生，促进每一位学生的全面发展，让每一位学生都能获得优质的教育，得到尽可能的发展，成长为最好的自己。只有确立这种思想，才能坚持因材施教原则，为每一位学生提供最适切的教育，而不是以分数为标准将学生划分为三类九等，人为破坏教育公平，加剧学生之间的竞争，增加学生的学业负担。

全面优化教育教学管理。校外培训停了下来，作业总量减了下来，学生的学习负担降了下来，但是，学校的教育教学质量不能减，学生的学习效果不能减。

这就给学校及教师提出新的课题，随之而来的就是如何优化教育教学方式，顺应改革要求，出台一系列的教育改革举措。学校要彻底摒弃传统的以挤压教学时间、实施题海战术、频繁考试获得教育质量的做法。真正向课堂要效益，向教学要质量。学校层面需要通过加强教师专业培训，加大教研力度，强化教学监控等有效方式，督促教师转变思路、优化教学、提升质量。

努力改进教育评价方式。"双减"政策落实得好不好，关键看评价。评价是指挥棒，有什么样的评价，就有什么样的教育。传统的"以升学率评价学校，以分数评价学生"的做法，就是造成学生学习负担过重的根本所在。落实"双减"不仅需要改变以升学率评价学校的做法，更需要在学校层面大胆改革，积极探索，建立与五育并举，全面落实与素质教育相配套的教育评价新机制。同时，要建立完善的与之相适应的教师评价机制，淡化教师对分数的看重，强化教师对学生综合素质的重视，引导教师专业发展，激励教师成长。以新的评价机制引领学校教育教学改革，营造落实"双减"工作的良好氛围。

赋予学校办学自主权

在推进与实施的过程中，一些学校不同程度地出现了死板的制度，导致水土不服，使得教育结果适得其反，学生负担不减反升。

诸如，教育部统一要求小学早上上课时间不得早于八点二十分，一些地方为了保障学生睡眠，层层加码，明确要求学校七点五十才能开校门，有些学生家长八点上班，只能先把孩子送到校门口，这样一来，学生在校门外聚集，家长们抱怨连连，学校也无可奈何。再如，关于课后服务"5+2"模式，是指在下午放学后，课后服务时间至少要达到两个小时，下午放学在五点之后，加上两个小时的课后服务，放学时间将近七点，天黑回家存在着一定隐患。又如，按照规定，大课间时间不能少于三十分钟，为此学校上午只能安排三节课程，为了避免下午放学过晚，学校又将下午一节课提前至上午，这样一来，上午放学时间过晚，学生饥肠辘辘。

凡此种种，都是教育政策落地过程中产生的认识偏差，执行过于死板的问题，管理者仅仅关注政策，而没有设身处地从实际出发，以更加科学、灵活、开放的形式，既将国家的政策执行到位，又让政策释放应有的活力，更好地服务教育的发展。

深刻把握政策的核心。无论是"五项管理"，还是"双减"规定，其宗旨与核心要义在于切实减轻学生的学业负担，促进学生的身心健康发展，让孩子快乐成长，全面落实立德树人，推行素质教育，培养社会主义现代化的建设者与接班人。因此，学校在落实各项政策的过程中，要将一切制度、措施的出发点放在服务学生上，坚持以学生为本，将学生放在教育的正中央，看学生是否在管理制度的改进与变革中真正受益，看学生的学业负担是否真正降下来，身体素质是否真正提上去，是否让学生更幸福，让家长更满意。

系统研究政策的要求。"五项管理""双减工作""课后服务"等一系列教育政策，是学生减负的组合拳，与其他教育政策同样是一项系统的工程，需要全面落实。学校管理者应组织广大教师对教育政策进行全面深入地学习，系统研究，找到各项政策制度的结合点，做到有效融合、巧妙处理、共同促进。诸如，关于学生体质管理的要求，学生每天校内体育锻炼一个小时，大课间活动不少于三十分钟，可以与 2021 年 9 月教育部等五部门《关于全面加强和改进新时代学校卫生与健康教育工作的意见》文件中提倡中小学生到校后先进行二十分钟左右的身体活动，以及课后服务管理的有关规定相融合，统筹安排学生在校全天的体育活动，合理利用时间，利用学生提前到校的课前时间及课后服务时间，组织学生体育锻炼，让学生课前课后有事做，用体育活动管理学生，丰富校园文化生活，解决管理难题。

刚性政策的弹性落实。"五项管理""双减"政策，需要弹性落实，只有考虑到学校的实际情况，满足学生及家长的需求，才能让好的制度焕发活力。这就需要赋予学校充分的办学自主权，在教育教学管理中，允许更多的自由与创造的空间。诸如，关于作息时间调整的问题，要考虑到家长接送孩子的需要，接送不能过早，也不能过晚。每天既要落实"5+2"模式的课后服务要求，又要符合当地的作息时间，这需要管理者的智慧，更需要政策的张力。如允许小学由每节课的四十分钟调整为三十分钟或三十五分钟，实施长短课相结合，根据课程不同设置不同的时长，允许初中每节课时长调整为四十分钟，腾出的时间用于大课间活动。再如，课后服务根据实际，调整为上下午两个放学时段，上午最后一节课用于辅导学生作业，下午课后服务用于体育锻炼与素质训练。允许学校联合第三方机构丰富课后服务内容，完善课后服务体系，满足学生的课后服务需求等。

切实发挥好督导作用。教育督导是保障教育政策执行的利剑，"五项管理"与"双减工作"是教育督导的一号工程。教育督导的科学性与专业性尤为重要，督学首先应透彻理解各项教育政策文件的精神，把握国家对于学校管理的各项最新要求，将政策了然于心，强化政策的指导力；同时，督学更应当走进学校，与学校管理者深入研讨，寻找顶层设计与基层实施的最佳结合点，以自己的专业智慧，为学校提供有力的参考，更好地服务学校，引领学校更好地服务学生、服务家长、服务社会，让"双减"真正地落地、落实。

组织好课后服务

开展课后服务是增强教育服务能力、提高教学质量、优化教育生态、促进学生全面发展、健康成长的重要途径，也是解决人民群众急难愁盼问题的重要举措。新学期的这项制度深受人民群众的欢迎，得到家长的广泛支持。

一些学校丰富课后服务内容，规范课后服务流程，为学生提供多样化的教育选择，促进青少年学生健康成长。但"双减"政策实施以后，家长对孩子的教育焦虑尤在，面对课外培训机构的缩减、作业量总量的减少、考试次数的严格规范，一些学校对教育质量的担忧愈加明显，于是，借助课后服务之名，加大刷题练习、应试训练，学生的学业负担不减反升，特别是一些初中学校，更是通过课后服务与晚自习相结合的形式，延长学生学习的时间，加重学生的学习负担，这种现象必须得到充分重视。

"双减"的目的是全面推进素质教育，促进学生的健康成长。课后服务作为"双减"系统工程的重要内容，是在减轻学生负担的大前提下规范开展，对于任何打着"双减"名头行应试之实的行为，都应当严厉打击，严密防范。

要在教育理念上正本清源。结合教育评价改革，对中小学校教师进行全面培训，牢固树立科学的教育观与质量观，用正确的评价观引领教师的教育教学行为，深入推进素质教育，确保学校的各项活动做到遵循教育规律，遵循学生的身心发展规律。让课后服务行进在科学合理的育人轨道上，为学生成长服务。

要在服务内容上严格规范。教育行政主管部门要加大对中小学校开展的课后服务进行业务指导，明确规定学校课后服务主要是安排学生完成作业、自主阅读、开展体育活动、劳动实践、拓展训练和社团活动。在课后服务时间内，小学生应基本完成书面家庭作业，初中生完成大部分书面家庭作业，确保在课后服务时间结束后，不额外布置作业。严令禁止利用课后服务时间开展集体教学、上新课、补课和考试训练等加重学生学习负担的错误行为。

要在督导监管上严肃认真。课后服务点多面广，是项制度化、常态化的工作，且服务项目与教育教学行为属于学校自主安排，是学校个性化行为。为保证服务内容严格规范，避免假借课后服务之名加重学生学习负担，教育督导机构要主动承担起教育监管职责，将课后服务纳入责任督学挂牌督导制度，深入推进，组织责任督学不打招呼进校园，紧盯落实环节，确保工作实效，对违背教育规律、加重学生负担的学校，发现一起查处一起，形成"双减"工作的强大合力。

课后服务作为学校课堂教育的有益补充，具有足够的灵活性，无论是课时安排，课程的设计，还是教学的组织，都有着充足的可能，杜绝整齐划一的设计，提供多元特色的选择，无疑是课后服务质量提升的重要途径。课后服务需要在多元化推进中做足功课。

课后服务实施主体多元性。课后服务实施的主体是中小学校，但是，由于学校师资力量薄弱，在推动多样化课后服务的过程中，多是倾向于作业辅导和常规的兴趣小组，极易让课后服务成为学校常规课程的延伸，其吸引力不强。要提高课后服务的质量，需要以更加开放的思维来思考课后服务，促进课后服务主体的多元化。诸如将青少年宫、青少年活动中心、妇女儿童活动中心、科技馆、社区活动中心等具备资质、规范的社会组织和专业服务机构纳入课后服务的供给体系，通过定时开放或与学校联合办学的形式，对学生开展课后服务，实现课后服务实施主体的多元化。在区域内，学校与学校之间，也应打破校际边界，选择一部分优质课程和特色课程，面向校外开放，供周边学校的学生自主选择，形成良性竞争、适度聚集、自由开放的发展环境。

课后服务课程设计多元性。课后服务重在课程建设，中小学校应将课后服务纳入学校课程的建设体系，统一规划，精心设计，挖掘资源，依托优势，尽可能地实现课程的价值增值。无论是城区学校，还是乡村学校，都有充分的可能性。如暑期红及网络的范家小学，就是依托乡村资源，打造一系列让学生爱不释手的暑期课程：探究课有"昆虫的世界""南瓜的奥秘""神奇的叶""认识野菜""春苗行动"；体验课有"林间探秘""空巢老人调查""伐竹制筏""制作南瓜饼""儿童根雕"；项目课有"石头画""参观水电站""农家小甑酒"；建造课有"搭建窝棚"等。这些课程充满着乡土气息、地方特色，对于培育学生综合素养具有重要意义，也为中小学校课后服务课程开发提供了样板。

课后服务师资聘任多元性。教师是课后服务质量的根本，学校教师多局限于文化课的教学，而课后服务更多的侧重于非学科类素质的培养。因而，对于任何课后服务的师资学校管理者应当以更宽的视野，以多元的思维去寻找与聘任。学校要善于挖掘师资潜力，充分发挥艺体教师、科学教学的潜能，发挥具有特长教师的作用，将教师多才多艺的一面展现给学生。充分吸纳民间艺人、能工巧匠、非物质文化遗产传承人等人才，对学生开展独具特色的课后服务。动员学生家长，利用家长资源、学校毕业学生，让有才学、有技能、有情怀、有热情的志愿者加入课后服务的行列，以提高课后服务的质量。当然，在促进师资多元化的同时，学校更应该严把审核关，确保聘任的课后服务教师师德高尚，具有优秀的综合素质。

课后服务班级组织多元性。课后服务不应是大一统、一刀切，当课程体系建立起来，课程选择多样化以后，组织的形式就打破了传统的授课班级制度，实行一生一课表。接受课后服务的学生也会在课后服务班级里接触到更多的老师，接触到更多的同学，在与不同年龄结构、不同知识群体、不同成长环境的同学交往过程中获得更大的影响，取得更大的进步，这也是促进学生全面发展的重要措施。

促进教师减负

"双减"指向学生，目的是减轻中小学生学业的负担与校外培训的负担，切实提高学生的幸福指数，促进青少年儿童的健康成长。伴随着一系列工作措施的实施，教师的工作时间延长了，工作事项增多了，工作压力加大了，而有关教师减负的呼声日渐高涨。

教师的职责与使命是教书育人，通过自身的专业教育教学技能，促进青少年儿童健康成长，培养社会主义现代化的建设者与接班人。可以说在一定程度上，学生课业负担过重的原因就在于学校的教育不到位。诸如作业负担重，这源于一些教师不顾学生的认知能力、学习能力、课后时间，作业布置具有盲目性、随意性，指定教辅资料，布置大量机械作业，不能做到全批全改，就要求学生自批、家长代改等。这充分反映了教师的专业教学能力存在短板，是教育教学职责的转移嫁接。推动"双减"，就是要让学校教育回归主流，承担其应尽的责任。因而，在减负的大背景下，学校对作业设计、批改、辅导的要求，有关课后服务的管理规定，都不是增加教师的负担，而是强化教师的职责。

为教师减负是减掉教师不应该承担的事情，是为了让教师更好地教书育人。2019年，中共中央办公厅和国务院办公厅出台了《关于减轻中小学教师负担进一步营造教育教学良好环境的若干意见》，明确要求清理规范影响中小学教育教学活动的各项工作，特别是与教育教学无关的事项，诸如督导检查评比考评的负担、社会事务进校园的负担、报表填写的负担、抽调借用的负担等，确保中小学教师潜心教书，静心育人。

　　由此可见，"双减"政策对教师而言应有增有减，履行教育职责，强化教育职能，优化教学流程，提高教育质量。同时，还要减轻非教学业务的负担，更要减掉"双减"引发的报表填写、资料整理的负担。

　　为了落实作业公示制度，一些学校要求教师每天上报各科作业内容、作业时间、作业要求等，全校几十个班级汇集在一张表格中，科任教师、班主任教师、年级主任、教导处人员层层收集整理，耗费大量的人力与物力。控制作业总量与作业时间，实行校内公示制度是"双减"的规定性要求。但是，在操作层面上，也要尽可能地减化过程，提高实效，避免填写表格增加的负担，引导教师专心在作业设计的科学性与有效性上下功夫，而非被每天重复的填表任务所困扰。学校可以化整为零，在各班级设置作业公示本，由科代表每天记录各科的作业情况，班主任审核，教务部门随机抽查，既减轻了教师负担，又强化了作业公示制度的真实性，避免陷入形式主义的误区。

　　再如，关于"双减"督导检查，应将实际成效、学生发展情况、家长满意度作为重点。淡化档案材料，关注实地走访，减少数字报表，多些现场观察，让学校、教师真正从迎检负担中解脱出来，将更多的心思放在"双减"政策的执行与推进中。

　　"双减"实施者是教师，关键也在教师。为学生减负的前提是要为教师减负，减轻非教学负担，腾出更多的精力与时间，专心教学，精心辅导，研究业务，更好地为学生服务。

打破"优秀教师屏障"

在现实生活中，这样的学校不在少数，对于"五项管理"，学校管理者并非没有布置，在操作层面却出现水土不服的现象，问题到底出现在哪？需要认真审视。在"双减"的过程中，"优秀教师屏障"现象值得高度重视。

何谓"优秀教师屏障"？即一些认真负责、尽心尽力、工作积极的"优秀教师"，他们不计个人报酬，不辞工作劳苦，不惧工作时长，每天提前到校组织学生早读，放学后无偿延长时间，看管学生作业，进行作业辅导，他们的班级学风优良，成绩优异，领先同行。"双减"政策实施以后，这些"优秀教师"依然延续传统思维，不肯放松要求，学校要求七点半开校门，他们班级的学生提前在校门口等候，迫使学校开放校门，以至成为"双减"回流的源头，成为"五项管理"与"双减"工作的重要阻碍。学校管理者对这些"优秀教师"往往采取包容的态度，在质量与分数的趋动下，在"正向激励"的促动下，大多睁一只眼闭一只眼。

"双减"工作是党中央、国务院关于教育领域的决策部署，事关青少年的健康成长，关系到国家人才培养的教育大计，对于优化教育生态、回归教育常态、打破教育乱象有重要的意义。

实施"双减"需要全面发力，系统推进。"优秀教师"在学校教师群体中承担着领头羊的重要作用。让"双减"扎根基层，引导教育，需要打破"优秀教师屏障"，坚定教育方向，维护教育秩序，规范教育行为。

实施"双减"需要优化教育管理方式。学校管理者应立足当前教育的形势走向，全面贯彻落实各项政策要求，针对学校实际，形成校本管理的策略与方案。通过教师参与，集体研究，广泛讨论，提高管理措施的认同度，引导广大教师参与民主管理，提高管理效能。在学校管理的过程中，要尊重优秀教师群体的意见，听取他们的声音，融入他们的观点，解除他们的疑惑，扫除推行障碍，让"双减"

精神真正从上至下，一以贯之，全面落地，有效实施。

实施"双减"，需要转变教育评价机制。评价是指挥棒，有什么样的评价机制，就有什么样的教育方向。"优秀教师"之所以不放松一分一秒只抓学生的成绩，一部分原因在于学生成绩是教育评价的核心要素与关键指标，甚至是唯一的标尺。教育质量体现在学校的升学率中，教育成果呈现在学生的成绩中，学生成绩关系到教师的绩效考核、职称评定、评优晋先、专业发展等诸多方面。推行"双减"，需要确立全新的教育评价机制及教师评价机制，打破"唯分数论"。着力评价学生的综合素质、教师的教育行为、学生的发展状况，让死抓硬拼式的看管教育没有生存空间，让教师评价更加多元、更加科学、更加全面，以教育评价改革引导教师教育教学行为变革。从而改变"优秀教师"的定义，让教育回归理性与常态。

强化教育执法队伍

"双减"行动关系到教育综合改革的成败，关系到民族的未来。这项工作具有长期性、复杂性与广泛性。不仅需要校内的积极作为，更需要对校外培训机构进行严格的专项治理。而校外培训机构的治理工作，因其牵扯面广，政策性强，情况复杂多样，也是"双减"工作落实的重中之重。

严格校外培训机构的审批，坚持义务教育阶段培训机构的非营利性，杜绝无证无照非法办学，严禁节假日、寒暑假实施学科类培训，严禁公办教师在培训机构代课，私自办班补课等诸多问题都是校外培训机构治理的重点与难点。

长期以来，校外培训机构准入的低门槛、管理的无序、数量的泛滥都给治理工作带来了一定难度，而要严格贯彻落实中央文件精神，确保此项工作做到位，必须有强有力的行政执法力量保驾护航。

"双减"任务艰巨，困难重重，需要高度重视教育行政执法队伍的组建，以专业的教育行政执法推动国家减负政策的严格落实。政府应积极整合相关力量，赋予教育行政部门相关人员及教育督导部门督学相应的教育行政执法权。通过教育执法考试，取得相应的教育执法资格证；出台配套法规政策，增强教育行政执法人员程序意识，细化工作规范，完善执法流程，使教育行政执法工作的各个方面、各个环节都有章可循。

第三辑

关注细节

赋予运动会更多的内涵

一位家长朋友告诉我，自己的孩子一回到家就埋头大哭，原因是自己没有机会参加学校的运动会。原来，孩子就读的学校处于城区，学校运动场地过小。为了有效地组织运动会，学校先实施班级自选，选拔体育素质较好的孩子参加，没有被选上的孩子则在学校运动会当天放假。如此一来，学校的运动场地便满足了参赛学生的需要，而运动会组织的难度也因此大大降低。

听了朋友的话，我内心不由得充满苦楚，因为我知道参加体育运动会对孩子意味着什么。对于他们来说，这不仅是一场体育竞技活动，还是一次校园的"狂欢节"，更是与其他孩子平等参与校园生活的重要形式。比赛的结果也许对于他们并不重要，但是，平等地享受学校组织的每一次活动，感受集体生活的富足与幸福是最重要的。

作为学校，由于运动场地不足，让全校所有孩子都参与，或许存在着一定的难度，仅让一部分孩子参加，也是他们权衡考虑之后的无奈选择。然而，无论怎样，这样的做法终究是欠妥的，因为这样不仅伤害了没有机会参加运动会那部分孩子的心灵，而且，更失去了运动会作为校园教育活动应有的内涵与意义，失去了教育者对每一位教育对象应有的尊重与关爱。

事实上，运动会不仅仅是激励学生进行体育锻炼的有效形式，更是学校教育的重要组成部分。运动会也不仅仅是一次校园活动，更是一项重要的教育课程。赋予学校运动会更多的内涵与意义，充分彰显教育的魅力，提升教育附加值，才是学校管理工作最重要的事。

成都市武候实验中学校长李镇西在博客中展示了他们学校开展运动会的场

景：不仅设计了运动会的会标，而且设置了可爱的吉祥物，在开幕式上，"全校五十四个班每个班都用几分钟展示自己的风采：或舞蹈，或歌唱，或小品，或运动……许多老师和孩子们一起表演。每个班的节目都是一个创意，每个班的节目都是一个悬念。整个开幕式就用了近四个小时。在这四个小时中，学生特别开心，始终沉浸在兴奋之中。整个操场就是一片欢乐的海洋。"可以想见，这样的运动会对于孩子来说，又如何不终生难忘呢？

北京市十一学校的校园运动会更是别出心裁，李希贵校长在他的《学生第一》中展示了他们学校"奥林匹克运动会"的动人场景："运动会上，一个班级模拟代表一个国家，活动的定位不仅仅在于体育本身，还在于扩大学生国际视野及培养学生多元文化理解能力。"由此可见，李校长已经将校园运动会上升为教育课程的地位，精心打造，给予学生一场充满新奇、知识、智慧的精神盛宴，而这样的运动会，学生又如何不喜欢呢？

教育者的智慧决定着教育的层次，对于学校的每一次教育活动，如若管理者与教育者能立足学生的成长，站在学生发展的角度，重新审视，赋予其丰富的内涵，相信这样的教育活动将会释放其无穷的魅力。

反观文章开头的那所学校，那样的运动会，是不是缺少了应有的人情味与教育味呢？

足球操与扇子舞

一所学校准备在全校推广"足球操",于是在上学的路上,常常可见三三两两的孩子,人手一个球,用网兜提着,大踏步地走向学校。足球随着孩子的脚步前后摇摆,颇有节奏,花花绿绿的足球俨然成了别样的风景。

说起足球,孩子们很是兴奋,因为学校将在春季运动会上展示训练的成果,千余名孩子齐做"足球操",那场面,将是多么壮观呀!有了这种动力,孩子们学得更起劲了,反复练习,规范动作,忙得不亦乐乎。但是,这些活动只能在体育课时进行,在班级里,老师是绝对禁止玩球的,即使下课时间也不能触碰。因为人手一球,让本就狭小的教室更显局促,调皮的孩子只用一个球就能将教室弄得一片狼藉。

"除了足球操,你们的体育老师有没有教你们如何运球,如何踢球?"闲谈时,我问起这所学校的孩子。孩子们一脸茫然:"没有呀!我们自己在操场上拍足球,将足球投到篮子里,却怎么也投不进去。"孩子们的话让我大吃一惊,原来在这几名孩子的意识里,足球如同于篮球一般,是用手来投球的。这也难怪,"足球操"中大部分动作都是靠上肢与手的协作完成的,这又如何不让孩子们误以为是篮球呢?

这就是这所学校所推广的"足球操"。据我所知,"足球操"并不是这所学校的独创,而是学校管理人员外出学习借鉴而来。"足球操"作为校园的特色项目,就以这样的方式呈现给了学生,并被大张旗鼓地予以推广。对此,我心中茫然:这样的"足球操"是否失去了应有的意义?

推广"足球操"的真正目的是什么?不就是为了培养学生对足球的兴趣,促进学生强身健体、全面发展吗？兴趣是最好的老师，以体操的形式，让学生近距离接触足球，熟悉足球，从而爱上足球，继而喜欢上足球运动，这才是"足球操"的价值所在呀！反观这所学校，恐怕弄"足球操"的目的很明确，就是为了在春季运动会上展示一番。想必届时，一定会有主管领导参加，有兄弟学校观摩，那种壮观的场面着实会让人为之震撼，更会为学校的足球特色运动添上浓墨重彩的一笔。而运动会结束之后呢？也许，学生就要将足球束之高阁了，因为它的使命已经完成，展示活动已经结束。

毋庸置疑，从学校的种种表现，从学校对足球的态度，就足以揣摩学校的心思。如果学校真的是为了培养学生的足球兴趣，为何不抓紧时机，在体育课上教授有关足球的内容，教会学生正确的踢球方法？为何不在放学之后，组建足球小组，让学生驰骋在绿茵场上？为何又在课间之时，禁止学生玩球？种种的迹象只能说明一个问题，"足球操"指向的是学校的"形象"，装点的是学校的"面子"，绝非是真正为了学生的发展。

"足球操"如果指向学生，为了学生，就应当踏踏实实地给予学生应有的教育。紧紧抓住练习"足球操"的有利时机，努力培养学生对足球的热情与兴趣，将足球运动根植于学生的心中，让学生真正地爱上足球运动，这才是学校最重要的事。形式化的"足球操"即使再美丽，也无以承载足球运动的使命，千人齐做"足球操"的场景，即使再壮观，也抵不上学生在足球场上无拘无束的奔跑与追逐。

学生的成长至关重要，远胜于学校的面子，这点应当成为教育工作者的共识。

无独有偶，一次我到一所小学督导，学校的课间操颇具特色，而自编自导的"扇子舞"更可谓是一处绝妙的风景。红色的扇子，绿色的场地，交相辉映，可爱的孩子们在动人的乐曲中，轻柔地摆动着扇子，活动着腰肢，展示着青春的光彩。

孩子的展示令同行参观者大为赞叹，然而，就在我心里暗暗叫好的同时，却看到了一排男孩子优美的舞姿。此时，一个想法出现在我的脑海中：柔美的"扇子舞"真的适合每一个孩子吗？这种舞蹈果真是学校管理者基于孩子身心发展的角度考虑设计的吗？

不容否认，"扇子舞"的柔美，以及集体绽放的那种整齐与恢宏的场面，确实让观者心灵为之震撼。但是，教育是理性的，对于孩子的每一项教育活动的设计，决不能仅仅停留在感性的认识上，而应从孩子的身心发展的角度进行全方位审视与思考。就"扇子舞"的设计来说，只是一些简单动作的重复，孩子们的活动量并不大，很难起到锻炼的效果，这种舞蹈固然可以给观众以"美的享受"，然而，这种"美"仅仅指向形式与外观，却并未达到让孩子身体强健的效果。如若将这十来分钟时间交由孩子们自由地跑，自由地跳，快乐地玩耍，是否更能让他们的身体得到自由的锻炼与伸展呢？是否更令他们深表认同与喜爱呢？

更值得一提的是，当我看到那一排男孩柔美的舞姿之时，我的内心有一丝隐忧。或许，这种柔美的"扇子舞"对于优雅的女生是合适的，可以塑造女孩子淑女的形象，为她们平添一分柔美，一分端庄，一分沉静，而对于那群阳光好动的男孩子来说，这样的舞蹈对于他们又会产生怎样的心理影响呢？他们是否也需要这样的修炼与引导呢？事实上，现如今的男孩子所缺少的并非是这种"柔美之情"，他们所欠缺的恰恰是一股"阳刚之气"，柔美的"扇子舞"显然对于培养男生阳刚之气毫无益处，或许，刚劲有力的"少林拳"更适合培养他们的性格，更有利于他们的身心发展吧！

我们应当清醒地意识到，让孩子的身体得到更有力的锻炼，才是课间活动的真正意义。柔美的"扇子舞"虽然美得精致，却并非教育意义上的"大美"。如若管理者指向学生的活动设计，没有"生本意识"，那么，必然会产生偏颇，以致误入歧途。也许我的这些想法仅仅是个人的一面之词，但是，当我看到孩子们在舞蹈时那一张张木然的脸与散场之后灿烂的笑脸形成的鲜明对比，我的心再一次受到触动。

事实上，在诸多学校，类似的情形不胜枚举。比如，教育活动追求热闹气派，而无视学生的个性；课程改革追求整齐划一，而无视学生的差异……这一切只为学校赚足了掌声，撑足了门面。但是，学校所给予学生的微乎其微，有时甚至以牺牲学生的需求、兴趣、时间与精力为代价。如此，我们是否应当重新认识与审视一下学校呢？

真正的教育，需要适合孩子，需要让孩子感受到无比快乐，给予孩子尽可能多的教育，让孩子得到更好的发展。孩子是否拥有天真无邪的笑脸才是对教育最好的评判，才是对教育者最真实的检验。

把垃圾作为教育课题

这是一所五六千人的大校，学校每年中考的升学率在当地均名列前茅，校园美丽的环境更是让人流连忘返。塑胶运动场，青翠欲滴的雪松，绿影婆娑的竹林，高大挺拔的水杉，曲径通幽的花园，蜿蜒曲折的走廊，沁人心脾的桂香，俨然一处美不胜收的生态公园。

一日清晨，我走进这所学校，同学们已经走进教室，开始了一天的紧张学习。我漫步在校园的角落，感受着这所校园带给自己的清新。然而，就在我感叹于校园美景之时，却发现了一处处不和谐的场景。

在竹林深处，满地的垃圾；在走廊的柱壁上，乱写的字迹；在操场边角的树木下，一层一层枯萎的落叶零乱地撒了一地，与红白相间的塑胶运动场形成鲜明的对比。

远处，几位清洁工在打扫着地面，显然，对于这所大校而言，这样的清洁工作已是一种常态化，工人们对此早已见怪不怪了。每天清扫着旧的垃圾，新的垃圾又会如约而至，这是他们的工作，更是他们的职责，他们尽心尽责地工作，守护着校园。对于学生的这些不文明行为，他们或许很无奈，或许熟视无睹，没有一点儿诧异。因为在他们的眼中只有垃圾，对于学生的陋习，他们没有过多的发言权。

然而，对于学校的管理者与教育者而言，难道面对一地的垃圾，就能一股脑儿地推给清洁工吗？是谁纵容了学生随手乱扔垃圾、随意写画的不良习惯呢？在教育问题上，难道我们就没有任何责任了吗？

初中阶段，我们的教育对象是一群未成年的孩子，他们的价值观尚未真正形成，他们的行为习惯尚需要进一步培养与强化。校园的垃圾不仅仅是垃圾，更是我们教育的败笔。如果我们的教育者能够从源头上规范学生的行为习惯，校园的环境卫生还会出现如此脏乱的情况吗？

校园卫生可谓是学校管理中最普通的事情，也是最常规的工作。诸多学校常常绞尽脑汁，想方设法，予以解决。如这所学校聘请清洁工人；再如一些学校"分片包干"，实施班级卫生责任区，每日考核，办法虽好，但往往劳心费力，结果还是不尽如人意。事实上，对于校园内的垃圾，管理者的思路始终限定在"清理"上，一些学校也将"扫好地"作为德育工作的重中之重。但"扫"终归是一种被动形式，如若我们换一个角度重新审视这个问题，或许工作将会出现柳暗花明的另一番景象。试想，如果每一个学生都能视校如家，不乱扔一块垃圾，不乱抛一片果皮，还需要在清理垃圾上大动脑筋吗？

"不乱扔垃圾"不仅是一种习惯，更是一种修养。"不乱扔垃圾"不仅是个人良好的卫生习惯，更是一个人具不具备公德意识的体现。学校是一个大家庭，校园的每一处场所需要每一位学生爱护，更需要每一个学生自觉地规范自己的行为习惯。如果学校将清扫卫生的工作完全交给清洁工人，那就很难培养学生的公德意识，更难造就有道德素质的现代公民。而如若清洁卫生靠"分片包干"，通过严格考核来促进学生养成良好的卫生习惯，也很容易滋生孩子的功利性，在班级评比中忘记考核的真正意义。

教育无小事，事事皆教育。站在孩子长远发展的角度，站在培育公民的角度，将"不乱扔垃圾"作为一项课题来研究、来解决、来突破，就会收获意想不到的效果。而其间，维护校园美丽的环境倒是其次，真正地教育学生、规范学生、发展学生、引领学生，才是教育的旨归。

关注潜在的课程

课程无处不在，学校对学生进行的教育不仅可以通过以教材为载体的显性课程体现，更可以通过以活动为内容的隐性课程表现。管理者设计的宏观而博大的活动课程对学生更具吸引力，对学生的影响更为深远，学生在无形中不仅可以感受到文化的力量，更可以体验到教育的魅力。

多些"创意节日"

在求实国际学校有个"睡衣节"。在睡衣节这一天，从早上起床跑操开始，全校师生必须穿着睡衣和拖鞋。五颜六色、款式各异的睡衣让人眼花缭乱，校园里一片"花红柳绿"。而穿着睡衣的师生在一起，没有了隔阂，没有了陌生感，没有了因年龄、性别、差异而带来的心理距离，有的只是自然的默契，情绪的放松和心灵的自由。

在北京某学校有个"泼水节"。这一天，师生们可以尽情享受水的快乐，学生将幸福之水泼向老师，将友谊之水泼向同学；老师将喜爱之水泼向学生，校长将感激之水泼向老师。师生们虽然都成了"落汤鸡"，但是，其丰富的心灵体验、幸福而快乐的心灵感受，是无以言表的。这个颇有创意的节日深受学生欢迎。

一所乡村小学，坐落在半山腰上，校园俨然是一个果园，各种果树布满校园的角落。每年秋季，果子成熟以后，学校便举办一个"采摘节"。学生爬高上低，亲手将果子采摘下来，感受丰收的喜悦，体验劳动的快乐。为了能够让"采摘节"如期举行，在平时的日子里，学生给果树浇水、施肥、捉虫，对其呵护有加，对于尚未成熟的果子，也没有一个被提前采摘的。

这是三个让我印象深刻的"校园节日",我感叹于校长的智慧,感叹于师生的创意,更感叹于学生的幸福。与寻常学校所谓的"读书节""艺术节""文化节""科技节"相比,这样的节日或许不太"高大上",没有上级领导的参加,没有校级领导的致辞,没有固定的程序与位置设定,甚至也没有所谓传统的教育目标。设计者的想法很单纯,很洁净,只是想让学生享受快乐,让学生的身心得到放松,心灵得以放飞。但是,这样的节日是极有意义的,因为它让学生享受到了无比的幸福。而这种幸福的体验,也应当是学校必须给予学生的,更是好的教育重要的评价原则。

创意的节日增强了学校的魅力。在某些地方,学生对学校充满了恐惧与排斥,在他们心中,学校意味着枯燥的课堂,无尽的作业,频繁的考试,层层的限制。校园成了一座无形的大山,给予了他们沉重的精神压力。这是极为可怕的,当教育仅仅成了灌输知识,当学习变成了负担,这样的学校即使其升学率再高,考试排名再靠前,也绝对称不上是名校,这样的教育无论如何也是提不起学生兴趣的!

教育应当让学生感受到快乐,学校应当是师生无比向往的场所,老师不仅要关注学生知识能力的提高,更要关注学生心灵的成长。校园具有创意的节日,虽然不涉及知识的教育,却关乎学生的心灵体验,快乐的节日不仅给予学生以畅想幸福的时机,也让学生感受到学校的魅力与吸引力。如果学校在教育教学生活中,不乏这样的教育创意,那么,学生又如何不对其充满着无限向往与喜爱呢?

创意的节日增进了师生的情谊。纵观这些创意节日,无论是"睡衣节"也好,"泼水节"也罢,参与的主体是全校师生。在活动中,无论老师、学生,还是校长都是平等的,师者卸掉了师道尊严的面具,学生没有了纪律约束的拘谨与紧张。管理者、教育者、学生所展现的都是自然本色。这样的节日,让学生看到老师本真的一面,让老师看到学生可爱的一面,创意的节日犹如师生情感的润滑剂,师生的情谊在彼此的另类审视、关注、互动中愈加深厚。

创意的节日拓展了课程的空间。课程无处不在,生活本身就是最丰富的课程资源，而这些颇具创意的"校园节日"，实质上也是一种综合实践性课程，看似无功利的教育目的，却蕴含着丰富的教育资源与内容。诸如，"睡衣节"所承载的平等教育、心理健康教育；"泼水节"所承载的民俗教育、环境教育；"采摘节"所承载的劳动教育、生态教育都已经内化在欢快自然的体验之中，这些活动教育课程直指学生心灵，关注学生的长远发展，让教育变得更加丰富而有意义。

打造节日课程

传统的节日——积淀深厚的文化。中国的传统节日很多，每个节日都承载着丰富的人文教育资源与传统历史文化，充分利用传统节日，做足传统文化的文章，可以让学生感受到传统文化的源远流长，了解传统文化，增强学生的民族自豪感，加强学生的爱国主义教育。诸如"元宵节"正值开学之初，又是正常上课时间，学校管理者可以在校园里张灯结彩，猜灯谜，闹元宵，让校园充满节日的气息，让学生在欢快的节日中回忆浓浓的"年"味，感受中华传统节日的厚重与魅力。这般节日如清明、端午、重阳、腊八等，都可以成为校园教育活动的重要资源。再如"二十四节气"作为中国古代传统的历法，也可充分利用，给学生以文化的浸染与熏陶，诸如在"立春"日组织学生"咬春"，迎接春天的到来等。

主题的节日——实施教育的方式。以主题活动营造"节日"文化，通过对学生进行价值的引领，不仅可以丰富活动的内涵，还可以强化学生的意识，让主题活动变得更加富有意义。学校在组织安排校园教育活动时，可以着力打造主题活动日，使教育活动系列化、常规化。诸如某校每年以读书、体育、科技、艺术为主题，形成了特色鲜明的主题节日："书海扬帆——读书节；五环纷呈——体育节；未来之光——科技节；七彩缤纷——艺术节。"四大"节日"教育主题突出，彰显素质教育理念，引导学生全面发展，同时，也丰富了校园文化内涵，让教育变得精彩而厚重。

趣味的节日——张扬童年的幸福。学生毕竟是孩子，尤其是未成年的中小学生，他们不仅需要正襟危坐的课堂教学，更需要富有童真童趣的个性释放。校园定期举办富有童真童趣的活动，让学生尽情地释放童真，享受教育的幸福，对学生的成长与发展更具意义，也将成为学生校园生活中印象深刻的记忆。其实，学校管理者只要不忘童心，只要有创意，教育的精彩就会无处不在。北京某学校举办的"泼水节"，学生在"节日"里泼洒幸福之水、友谊之水、希望之水、健康之水、幸福之水……以水增进情谊，拉近感情，放飞梦想。北京人大附小的"多彩泡泡节"，学生在校园里开心地吹出七彩的泡泡，或大，或小，或连，或串，吹出欢乐，吹出自由，吹出了教育的幸福。《窗边的小豆豆》一书中小林校长所设计的"捉鬼节"，让学生在"捉鬼"的过程中认识科学，锻炼胆量，收获经历，增长见识。凡此种种，这些"节日"或许"教育"的标签不甚明显，但是，这些体验能够让学生终生难忘，而学生从中的收获也绝非书本纸页所能比拟，更为重要的是，学生在这样的"节日"中收获了前所未有的幸福与快乐。

校园的节日——体验仪式的庄重。"开学典礼""毕业典礼""成人典礼""学校纪念日"等，这些校园特有的"节日"亦是不可或缺的教育资源，而"节日"中，庄重的"仪式"，更会让学生感受到教育的庄严与厚重。睿智的学校管理者对于校园的这些"节日"，会精心谋划，精心打造，给学生心灵的冲击、教育的震撼，从而让学生爱上校园，爱上教育。北京十一中的开学典礼独具特色，为学生颁发"开学护照"，向全校推荐优秀老师，抽取幸运学生与杰出校友结对，将开学典礼上升为"开学课程"，让学生在开学的仪式上收获教育的希望，这样的校园"节日"又怎能不受到学生欢迎呢？

饺子文化节

到一所农村学校督导评估，发现这所学校的校长颇为用心，教育活动丰富多彩，其中一年一度的"包饺子比赛"很受学生欢迎。全校各班推选二十名同学参加，在规定时间内看谁包饺子数量多，看谁的饺子包得好，最后评出等级，予以颁奖，并将饺子作为全体学生的午餐，以资奖励。

我对校长的这项创意很是赞赏，通过包饺子活动，不仅培养了学生的动手能力，而且为教育增添了不少趣味。更为重要的是，这项活动体现了教育管理者的人文关怀及对幸福教育的追求。然而，教育是需要逐步完善的，也是需要不断提升的，"包饺子比赛"的创意很好，但总感觉缺少点儿什么。在反馈会上，我向学校提出了变"包饺子比赛"为"饺子文化节"的建议。

所谓的"饺子文化节"不是单纯的比赛，而是一项综合实践活动；参加的对象不仅仅是部分学生，而应是全体学生；活动的内容不仅仅是生活教育，更应与相关课程整合。"饺子文化节"在操作层面上可以分为下述四个板块。

说饺子，探究传统文化。饺子是中国的传统美食，具有原始的、本土的、传统的、丰富的文化基因，探究饺子的历史也是传承中国传统文化。在"饺子文化节"综合实践活动中，第一个板块，可以设计成探究饺子文化的环节，让学生自主搜集有关饺子的相关信息，阅读有关饺子的故事，充分发现饺子的文化内涵，挖掘传统文化的魅力，并通过"话说饺子"的活动，让学生主动与同伴分享，让饺子文化提前融入每一个孩子的心灵。

包饺子，掌握生活技能。包饺子是一项生活技能，需要一定的技巧。当下的学生大都在家里是衣来伸手，饭来张口，平常连家务都很少干，更别说包饺子了。通过包饺子活动，让学生掌握和面、擀面皮、剁馅、包饺子的方法技巧，也是对学生进行生活教育的重要内容。学校管理者不能仅限于让学生用准备好的面皮和肉馅包饺子，更要让学生体验到包饺子的全过程，以此学会生活的技能，感受劳动的快乐与满足。这样的包饺子活动应当涉及全体学生，不求数量与质量，讲求的是过程与体验，可以以班级为单位组织实施。包饺子也可包出不同的形状与花样来，诸如元宝形、花形、彩色饺子等。

送饺子，传递浓浓情谊。包完饺子煮好后，学生自顾自地吃，似乎"教育"的味道还不足够浓，而送饺子这样一个活动板块的设计，则是对学生实施教育的重要内容。所谓的"送饺子"其实是一种仪式，是让学生表达感谢，表达情谊，表达关切的一种文化载体。让学生将饺子送给老师，送给同学，送给父母，送给"关心我的与我关心的人"，以此增进师生情感，同伴之谊，家人亲情，让学生在送饺子与收饺子的过程中体验到赠予与收获的快乐，感受到浓浓的亲情与友情。当然，赠送饺子的过程中也可以赋予饺子丰富的含义，诸如送出幸运的饺子，给同伴深切的祝福；送出奖励的饺子，给学生以激励；送出丰硕的饺子，寓意好友身体健康等。

忆饺子，积淀美好回忆。"饺子文化节"的最后一项内容是总结，让学生用自己喜欢的方式记录下自己的经历与收获，珍藏这段美好的回忆，诸如剪辑制作"文化节"的摄影作品，举办精彩视频展播与评选；用文字记录精彩瞬间，举行"我与饺子"征文比赛等。通过这种形式与载体，将"饺子文化节"与信息技术课程、语文课程相对接，实现学科的整合，发挥教育的综合效益。

三道作业题

一位校长初到一所学校任职。这是一所什么样的学校呢？当校长走访校园之后，发现情况不容乐观。教师人心不齐，纪律涣散，得过且过，没有上进心，也没有改变现状的动力。学校教育教学质量在辖区内排名靠后，在主管部门组织的各类检查评比中，均属后进之列。

如何改变这样一所学校？如何让教师振作起来？如何让学生看到希望……这位校长踏入这所校园之后，一直在思索这些问题。而面对初来乍到的校长，学校的教师也在观望，他们一个个像局外人似的，或满怀期待，或静观新校长的管理举措。

是设计系统的评价体系？还是整顿学校的纪律风气？这些前任校长惯用的办法，在新校长看来作用都不大。是呀！在这样的学校里，人心已经散了，即使再宏伟的蓝图，再科学的制度，再严明的纪律，收效又能怎样呢？如若不把人心扶起来，恐怕什么举报都无济于事。

深思熟虑之后，在第一次全体教职工大会上，这位校长并没有急于阐述自己的施政纲领，也没有出台任何治校新举，而是给每位教师留下了三道家庭作业。第一道作业题，写出自己不少于五个的优点；第二道作业题，写出自己认同的同事身上的五个优点；第三道作业题，写出学校发展的五个优势。三道作业题，犹如一块石头投入了平静的湖面，激起了一层层涟漪，在每一位教师心中泛起了久违的浪花。

原来自己的身上还是有优点的！原来我只看到同事的缺点，却没有客观地看待他人的优点！谁说我们的学校一无是处呢？其实还是拥有很多发展优势的！老师们开始用全新的视角审视自己，审视同事，审视他们习以为常的校园。而这也正是新校长所期望看到的。

就这样，在校长"三道作业题"的启发下，教师逐渐发生了转变，他们的脸上开始绽放笑容，对于同事，也多了几分友好；对于学校，也渐渐多了一些希望，少了几分抱怨；对于校长，更是多了几分支持，少了几分排斥。学校的各项工作开始有了起色，向好的方向发展。

这就是校长的智慧。如若说校长是一所学校的灵魂，这个比喻十分恰当。有什么样的校长，就有什么样的学校。特别是在自主管理程度不高，处于发展低潮期的学校，校长显得更为重要。有时候，校长不经意的一个举动，看似简单的几句话语，就能产生意想不到的效果。这位新任校长之所以能够在短时间内改变学校的精神面貌，就是因为其精心设计的"三道作业题"，这"三道作业题"实质上直面了教师的心灵，触动了教师内心最敏感的琴弦。

看到自己的长处，看到同事的优点，看到学校的优势。学校才有发展的可能，教师才有施展才能的空间，学生才有成才的希望。如若教师都不够自信，又如何实现自我的突破与成长呢？如若教师不能够欣赏他人，紧紧盯着他人的缺点，又如何建立起良好的人际关系，营造和谐共生的自由空间呢？如若教师对自己的学校都不支持、不理解、不信任的话，又怎么指望学校能够办学生满意、家长认可、社会赞赏的教育呢？改变从"心"开始，心灵触动才会生发外在的行动，才会悄悄地指引教师的行为向好的方向发展，而每一位教师都在努力积极向上，又何愁学校不向前发展呢？

校长的"三道作业题"，让人敬佩，让人感动，更值得每一位管理者深思。

站在教师的视角看管理

作为一校之长，作为学校的管理者，首先应当把管理的着力点放在对"人"的关注上，关注教师，关注学生，以自己对教师的关注带动教师对学生的关注，以教师工作的积极主动性提高育人的质量与品质。在管理的过程中，校长应站在教师的角度思考问题，时刻为教师着想，为教师创造一个自由、温馨、和谐的发展空间。

空白的学校日志

与一位年轻校长聊天，校长发出了这样的感慨："现在的教师太缺乏事业心与责任心了，什么事都不愿做。就拿填写学校日志来说，值日老师只需要简简单单填上几笔，就是这样，教师还是不愿写，虽然经常督促，但收效甚微。再比如，学校安排什么迎检材料，老师就是不愿参与……"校长说得慷慨激昂，将自己一肚子委屈倾吐而出。听完这一番话，我给他倒了一杯清茶，待其心态平静后，淡淡地问了他一句："你有没有想过，老师们为什么不愿做这些事呢？对于老师来说，这些事情到底是否是职责所在呢？"

现在的教师承担了太多不属于职责范围内的任务，他们不仅要上课，而且要备课、批改作业、辅导学生，更有许多强加在他们身上的行政任务。这些任务在校长看来是教师的分内事，是教师必须完成的任务。然而，校长有没有想过，教师为什么要去做这些事呢？自己为什么一定要强求教师去做这些事呢？

教师的职责与使命在于教书育人，对于附加的行政任务，他们有权拒绝，在实行民主管理的现代学校，教师有权选择自己的教育生活。如果教师只知道顺着校长的意图去做那些与教育无关的事，那么，这样的教师即使再听话，也不一定是好教师。

一位睿智的校长一定要学会站在教师的视角看待学校的管理，正如这位校长，当发现教师不愿填写学校日志时，就应当思考填写学校日志的必要性与科学性，就应当重新审视这种管理方式给教师带来的影响。

学校日志是记录学校运行轨迹的重要载体，但是，当教师面对记录着教师出勤情况及工作情况的冷冰冰的本子时，他们是否会想到过了值日当天，其他教师同样也会用冰冷的笔记录自己的过失呢？即使没有这样的顾虑，重复而机械的记录方式本身也会让人心生抵触情绪。既然这样，学校管理者是否应当重新思考学校日志的填写方式和记录形式呢？少些埋怨，多些理解；少些指责，多些关注；少些气恼，多些冷静；少些浮躁，多些智慧，校长一定能够找出问题合理解决的方式。

理智的校长应当在平时的管理过程中通过科学而巧妙的手段，将各类评估所需要的材料贯穿到工作中去。这样无论何种评估检查，只要汇总即可，不需劳神费力，重新整理。而这种原始性的档案材料也更具说服力。

站在教师的视角看管理，管理就会多出一分柔和，多出一分关怀，多出一分真诚，更重要的是多出一分智慧。

母婴室的温情

据报道，浙江某地教育主管部门在全区各级各类学校（单位）、幼儿园推进校园母婴室建设。母婴室不仅可以作为储乳、哺乳场所，还可以定期举办妈妈课堂，又可以作为心理调适场所，供妈妈们放松心情、调节情绪，实现"一室多用"。

女教师不仅承担着教书育人的职业使命，还承担着养育子女的家庭重任。要让教师站稳讲台，就必须解决她们的后顾之忧。长期以来，哺乳期女教师始终没有得到学校管理者应有的关怀，有的学校甚至出台规定强行剥夺女教师给孩子喂乳的权利。这不仅为女教师照顾孩子带来诸多不便，更影响了她们工作的积极性，导致她们"身在曹营心在汉"，人在讲台，心系家庭。结果是既没有照顾好孩子，也不能安心工作。

管理重在凝聚人心，学校管理者只有心里时刻装着教师，急教师之所急，想教师之所想，才能让教师安心从教，踏实工作。教育主管部门积极推进校园母婴室建设，不仅解决了哺乳期女教师的燃眉之急，还让她们感受到浓浓的关爱，赢得了人心。

夏丏尊先生在翻译《爱的教育》时说过这样一段话："教育如没有情感，没有爱，如同池塘没有水一样。没有水，就不成为池塘，没有爱就没有教育。"爱自己的孩子是人的本性，教师更是如此。谁都不能让女教师先爱别人家的孩子，再爱自家的孩子。学校唯有因势利导，满足教师的需求，才能让教师感受到自身的人格被尊重，体验到集体的温暖。这种对人格的尊重及爱心的传递，会让教师的"母爱"得以扩展。"幼吾幼以及人之幼"，教师会对自己的学生多一分尊重、关爱、呵护，将博爱播撒在校园和课堂之中。

建设校园哺乳室彰显了"以师为本"的教育管理理念。这样的管理，对教师来说不是压制、强迫和看管，而是一种服务、支持与呵护。正如李希贵校长在《学生第二》《学生第一》这两部书中所提出的：在学校管理中如何将教师放在最为重要的位置，尊重他们，相信他们，最大限度地发挥其积极性和创造性，应当成为校长治校最为重要的策略，也是校长的智慧。

让教师每天动起来

清晨上班，路过几家商场与超市，总会见到一道亮丽的风景：商场的服务员们统一着装，迈着轻快的步伐，伴随着悠扬的音乐，做着优美的韵律操。每每看到那一张张幸福而灿烂的笑脸，我的内心都有说不出的感动与羡慕，感动于商场服务员的幸福，羡慕他们能在每日早晨上班的第一刻就拥有健身锻炼的机会。

俗话说："身体是革命的本钱。"只有拥有健康的身体，才能干好工作，人民教师亦是如此。然而，教师是否拥有这样的锻炼机会呢？在我们每天踏进校园的那一刻，是否可以像商场的服务员那样，伴随着悠扬的音乐，以健身的方式，融入一天的角色呢？恐怕这样的学校少之又少，即使教师有心，学校也未必会这样做。

学校会要求学生锻炼身体，但教师常常是置身事外的旁观者。我们常常看到，学生排着整齐的队伍，伸展着腰肢，做广播操的时候，教师却站在一旁，只做学生纪律的维持者。我们常常看到，学生课间进行着丰富多彩的游戏活动时，教师却坐在办公桌前，不愿离开座位半步。相较学生而言，教师过于安静，他没有健身的习惯，更没有与学生共同锻炼的意识，而学校管理者也常常习惯于这样，因为在他们的心中，师生就应当是有区别的。甚至有些教师闲暇出现在活动场地时，管理者还会认为这是教师的不敬业行为。

再看教师的身体状况，不免让人心生担忧，近视眼、颈椎病、腰椎间盘突出……成了教师的职业病。许多教师未老先衰，严重影响了工作。在每年师德标兵、先进教师报告会上，我们也常常听到某位教师忍受着病痛煎熬依然坚持在工作岗位上的事迹。诚然，他们的精神确实让人感动钦佩，但是，这也从某种层面反映与折射出教育管理者恰恰没有对教师群体进行正确的引导，没有高度重视教师的身体状况，没有真正地关心教师的生活。这不能不说是管理者管理的缺失。

让教师动起来，每天锻炼一小时，健康生活一辈子。这是一种对师者的关爱，折射出学校管理者人文的关怀与师本的意识，教师身处其中，感受其中，感动其中，而其工作的积极性与主动性，也将被极大地激发出来，增强对学校的归属感与认同感，以便全身心地投入教育教学中去，为学校的发展贡献自己的力量。

让教师动起来，与学生一起跳跃，一起活动，一起锻炼。这也是师生平等意识与民主精神的充分体现。而师生共同活动的过程也是增进友谊、情感交流的过程，让师生关系变得更加和谐与亲密。

让教师动起来，拥有强健的体魄，健康的身体。本身也是对学生最真实、最具体、最生动、最有力的教育。这也是教师在用实际行动告诉学生健康对人生的意义，这对于学生养成良好的生活习惯，形成健康的生活方式无比重要。

魏书生老师在担任教育局长时，上班的第一件事就是集合全局的职工做广播操，而浙江某校设立"十年不生病奖"，也是用来激励教师参与体育锻炼。这样的管理者是智慧的，但愿这样的管理者越来越多，但愿关心教师身体，让教师充分动起来，能够成为每位学校管理者的共识！

票选优秀教师

近年来，基层教师质疑年终优秀教师评选标准、评选方式和评选程序的声音不绝于耳，主要原因就在于标准不明确，以投票为主、程序不透明、人为因素过多，导致结果缺乏说服力。

评选优秀教师，是激励教师专业成长、提高教师群体工作积极主动性的重要措施，优秀教师理应是大家公认的，受到广大师生广泛认可的。通过票选的方式，表面上看是尊重大多数教师的意见，其产生的过程是民主的过程，按理说，应当能够评选出理想中的优秀教师。然而，这终究是一种理想的状况。优秀教师虽然只是荣誉，却也和教师的职称、绩效、岗位聘任，甚至职业成长都有千丝万缕的关系，一些教师难以抵制获选的冲动与欲望。因此，票选的方式难免会掺杂一系列的情感因素。有的教师人缘好，与同事关系较为密切，得票率会很高。而那些埋头苦干、钻研业务、精于教学、疏于交际的优秀教师，极有可能在这样的票选过程中名落孙山。如此，票选的结果很难与教师的优秀程度相对等，优秀教师评选活动的客观性、科学性、公平性也难免大打折扣。这样的评选会对教师群体产生严重的误导，对真正优秀的教师产生负面影响。

优秀教师是大家推选出来的，不管优秀不优秀，只要程序合理，即使教师有怨言，也只能怪自己人缘不好，同事关系不和谐，"民主"推选的结果，对于教师有苦难言。不得不说，票选优秀教师看似公平，其根源还是在于学校管理者"懒政"，更是管理者教育治理水平低下的体现。

事实上，优秀教师绝对不是选出来的，而是干出来的。教师的工作业绩、教学水平、师德师风、教学成绩，这才是评选优秀教师的重要依据，也是教师绩效工资发放、职称竞聘、岗位晋升、考核奖励的重要依据。只有通过系统科学的评价方式，对教师的工作予以全面考核，优秀教师自会脱颖而出。关键是，诸多学校没有一套完整科学的教师评价体系，没有常态化的教师考核机制，没有建立完善的教师业绩档案，因而，一旦遇到类似的评优事件便手足无措。

教育管理需要严格的制度，教育治理需要完善的运行机制，作为学校管理的两大主体的教师与学生，都需要科学的评价机制，特别是教师队伍。只有完善的评价体系，才能激发教师专心教学、潜心育人、精于业务、深于教研。票选优秀教师折射的是学校管理制度的缺失，这才是学校管理者需要修补的漏洞，需要着力的地方。

"散养"教师

最近，很多人被北京一位女校长圈粉了。她这句走心的话令人印象深刻："我就特别愿意当老师啊，把学校的工作做好，同时要把自己的家庭经营好。"在她看来，老师是一个高度自觉的群体，"散养"才是最佳的管理之道。更重要的是，她从不表扬老师带病上课，有病赶紧治，不准带病上班。在她看来，教师不用手写教案，在课本上备课就可以。她鼓励老师不写教案，拒绝让老师做无用功，提倡一学期交两篇精品教案即可。

实施教育教学的主体是教师，学校的教育理念最终要落实到教师的教育上，没有一群具有教育情怀、具有扎实学识、具有专业精神、具有教育热情的教师，就不可能有优质的教育，更不可能打造学生的美好教育生活。我们惯常见到学校对学生的尊重，诸如"一切为了学生，为了学生的一切，为了一切学生"等，但鲜见学校像对待学生那样尊重老师。学校对教师的管理多是精细化管理，量化考评，目标性规范，从作业教案到课堂教学，再到考试成绩、打卡考勤，教师的教育教学行为与表现被一串串冰冷的数字呈现与表达，而教师要想取得较好的业绩，在绩效考核中取得高分，必然被其所累，为抄写教案而伤神，为各类检查评估劳神，为烦琐的杂务分神，所以很难静下心来思考教育教学，沉下心来研究课堂教学。

教育教学工作是一项充满创造性与自主性的工作，每一位教师都有自己的教学风格，每一节课都体现着教师的创造性，而琐碎的考评体系在规范教师的同时，难免会束缚教师的手脚，限制教师的创造性，压制教师工作的积极主动性。

"散养"教师，其实也是尊重教师、理解教师、放手教师的重要体现，是教育管理的智慧，也是超越功利的教育回归。"散养"的背后是对教师的信任，是浓浓的人文情怀，这样的管理更能激发教师的潜能，让教师的创造性得到发挥的空间。

当然，"散养"需要适宜的环境与条件，北京这位女校长之所以能够"散养"教师，首先源于其所处的宽松的教育管理环境，在于学校高度的办学自主权。诸多地方中小学校的自主权有限，往往受制于教育主管部门，学校不检查教案，上级部门要检查，学校不安排考核，上级部门要考核。为了应付多如牛毛的行政检查，学校管理者自身都已经不堪重负，又怎么可能会给教师松绑，实施"散养"的教育管理模式呢？

"散养"教育管理需要有教育家式的学校领导者，北京这所学校的校长之所以"散养"，源于自身的教育管理能力，作为北京市著名的特级教师，无论是专业水平还是教育智慧都令教师佩服。校长的专业深度与人格魅力的感染力是支撑这种"散养"式管理的重要基础，如若校长没有这样的高度，那么"散养"管理必然带来管理的混乱与无序。

"散养"管理还需要教师的高度认同与专业自觉，学校给予教师宽松的发展环境，不是让教师偷懒，而是心无旁骛地工作，想方设法搞好教学，更好地服务学生发展。这需要教师高度自觉，积极配合，而不是放任自流。

"散养"管理，不是放羊式管理，"散"是为了更好的"放"，目的是为了学生，为了教师，为了教育。并不是每所学校的校长都能像北京这所学校的"散养"管理做得那样洒脱，但是，其所折射的"以人为本"的教育理念，人文管理的教育情怀，值得每一所学校借鉴。

井盖上的创意

据报道，中国科学院物理研究所内出现了很多画着图案的井盖，引来众多路人围观、拍照。这些井盖上大多被人手绘了一些经典的物理公式，包括著名的质能公式、浮力公式等。此外，搭配这些物理公式的，还有一些有趣的小漫画，比如前半截还完整、后半截却只剩下骨头的猫；比如猫盯着鱼缸中的小鱼，但猫眼睛看到的鱼的位置比它实际的位置要高等。

中科院物理所为了九十周年年庆所设计的井盖绘图活动无疑取得了巨大的成功，得到了很好的反响，路过的游人不仅兴趣盎然地围观拍照，而且询问物理所师生井盖背后的物理学故事。原本很普通的井盖被赋予了更多的内涵，更具趣味。这样的创意确实让人耳目一新。我不由得想起，在我们的中小学校，如果管理者能够想出更多类似的"井盖创意"，是否会被学生所喜爱呢？

成人对新鲜事物尚且充满好奇，更何况是未成年的中小学生？井盖虽小，却有大文章可做。让学生亲手绘上生动美妙的图案，或是成语故事，或是妙语警句，或是动漫图片，一来，可以让井盖成为展示学生才艺的领地，让具有绘画天赋的学生尽情释放自己的才情，画出自己的精彩，展示自己的特长，激励其更好地成长，让其获得足够的精神鼓励；二来，可以让更多的学生从井盖上学习到丰富的知识，获得审美的体验，得到思想的启迪，收获快乐的童趣。就学校管理者而言，这样的井盖绘图，也是校园文化的重要组成部分，既在校园的边边角角丰富完善了景观文化，又以学生参与创造的形式拓展了校园的活动文化，使校园文化的内涵变得更加丰富。

教育无小事，事事皆教育。校园里的一草一木、一花一石、一物一景，都应当被赋予无比丰富的内涵与故事，不仅要体现景观美，而且要美得有情趣，美得有内容。校园里一个小小的创意，就有可能得到意想不到的教育效果。

"井盖创意"的可贵之处在于从小处入手

近年来，随着办学水平的逐步提高，越来越多的学校开始注重校园文化建设。有的学校不惜花重金、请专家、聘团队包装打造，追求高端、大气、上档次，让人为之赞叹。但是，这样的校园文化造价太高，让人感觉遥不可及，少了几分亲和力。"井盖创意"关注校园的细枝末节，看似简单，实则需要足够用心才能做到，将校园里一个又一个"文化景点"连点成片，串联成线，就是一幅别出心裁、匠心独运、妙不可言的精美画卷，这就是最美的校园文化图景。

"井盖创意"的可贵之处在于学生参与

校园文化不是管理者的独幕剧，而是全体师生共同演奏的交响乐，学生的潜能是无限的，教师的智慧是无穷的，充分放手，师生就能给学校带来意想不到的精彩。校园文化正是在师生共同创造的过程中生成、发展、拓展、完善的，正是师生集体力量完成、实现、升华的。只有让师生参与校园文化创造的全过程，才能让校园文化充满浓浓的教育情意，深深的教育情怀，才能让人文精神气质与景观文化融会贯通，合二为一，和谐共生。

"井盖创意"的可贵之处还在于童真童趣

让校园充满童真童趣，学生才更能爱上学校，继而爱上学习。现如今的学校往往是大同小异，共性有余，个性不足。校园里，我们大多看到的是刻板生硬、整齐划一，而鲜见生动活泼、情趣盎然的景观。校园文化设计的过程要有主体意识、学生观念，要将学生的感受、心理、体验放在第一位，让学生在校园文化中感受到文化的魅力。

　　校园文化无处不在，校园景观需要细细思量，"井盖创意"看似虽小，却折射出校园文化创造与生成的另类视角。加强校园文化建设，丰富校园精神内涵，不如从"井盖文化"切入，让校园里多些类似的"井盖创意"。

要有细节意识

细节决定成败。俗话说，"千里之堤，毁于蚁穴"。教育管理其实也是一个个管理细节的组合与再现，教育管理者只有高度重视学校管理过程中出现的、隐藏的、潜在的、可能的管理细节，才能更好地改进工作，优化管理机制，提高管理效能。

【案例】

某校师生五一放假归来，实施夏季作息时间表，下午上课时间由原来的两点二十分推迟到两点五十分。两点左右，大批学生在校门口聚集，因为没有开校门，学生或打闹，或跑跳，有的甚至在马路栏杆旁嬉戏。这时，偶尔有三三两两早到的教师从门卫室进入学校，但对学生的行为熟视无睹。直到两点二十分，学校大门完全开放，学生才如潮水般涌入校园。

【评析】

这是我在一所小学校门口看到的场景，也是学校习以为常的细枝末节，正如进入学校的教师一样。似乎没有什么关注点，其实这很值得管理者深刻反思，因为细节折射出来的管理缺失与漏洞更值得深入剖析与反思。

发现细节，推测不利事件发生的可能性

学校管理者要用心，更要细心，要拥有一颗善于发现的眼睛，从管理学的角度审视学校教育生活中的每一件小事，将管理细节刻意放大，发现其中的教育契

机，思考其中隐藏的潜在问题。案例中的学生提早到校，但校门没有开放，学生无处可去，是一个不容忽视许多的管理细节。安全为天，生命为大。学生的生命安全容不得半点儿马虎与懈怠，许多校园安全事故都是因为学校管理过程中对细节的疏忽。对于安全细节问题，管理者应当树立危机意识，预想一切不利事件发生的可能性。学生提前到校，校门未开，在此期间，学生的行为处于不可控状态，不能排除发生意外的可能。诸如：出现打架事件；学生在马路栏杆嬉戏被机动车撞伤；开放校门时，由于学生过于集中，容易引发踩踏事故等。这些恶性事件一旦发生，就会酿成无法挽回的损失。学校管理者唯有早发现、早防控、早排查、早教育、早处置，将隐患与风险尽全力清除，尽可能降低伤害事故发生的概率，从而给学生一个安全、和谐的教育环境，不让细节成为悲剧的源头。

反思细节，审视管理机制存在的漏洞

细节是学校管理机制链条上的一环，细节出了问题，也从某一层面证明管理机制出现了问题。管理者不仅要善于发现细节，更要关注细节，研究细节，以细节为标本剖析管理机制存在的漏洞与问题。案例中，因更改作息时间造成学生提早到校放任自流的问题，至少可以说明三点：一是管理者没有明确要求学生到校的时间，也许教师仅仅告诉学生上课的时间，而没有明确学生到校的时间，又或者学校的作息时间与政府机关、事业单位的作息时间不一致，导致家长提前将孩子送到校门外，以免耽误上班时间，这透露了作息时间是否人本化的问题；二是管理者没有针对提早到校的学生制定相应的预案，安排值日老师管理，出现了学校管理的"真空"，这反映了学校管理预见性不足的问题；三是提前到校的教师没有主动参与学校管理的意识，以及化解潜在安全危机的能力，这也从某一方面反映了学校民主管理意识不强，教师的主人翁态度缺失说明学校民主管理的意识需要进一步加强。

优化细节，寻找改进管理的积极对策

从细节入手，剖析细节中蕴含的管理机制漏洞，其目的在于优化细节，改进管理，使学校的管理机制更加科学、更加有效。就本次案例中出现的管理细节，管理者应采取积极有效的应对措施。诸如：调查学生的午休情况，征询师生及家长的意见，合理安排下午上课的时间；组织安全教育主题班会，让学生注意下午上学前的自我保护；安排值日教师，加强护学管理；联系辖区民警，设立护学岗等，以有条不紊的安排与防范措施，杜绝此类事件的发生。

教育无小事，事事皆教育。学校管理者要确立细节意识，善于从管理的细节入手，发现细节、研究细节、改进细节，以细节的优化促进管理的精细化。如此才不会因小失大，学校管理也会因细节处理到位，而彰显教育的魅力。

校园文化的记忆

　　十一假期，回到阔别二十多年的母校，这所乡村小学给我留下五年的难忘回忆，忘不了校园里高大挺拔的白杨树，忘不了树冠如盖的雪松，忘不了花园里五颜六色的月季花，忘不了挂在教室屋檐下的大铜铃，以及那一阵阵清脆悦耳的铃声……这一切在当时看来是那么普通，也如千万所乡村小学一样，没有什么特别之处。但是，这些犹如烙印一般刻在我童年的记忆深处。

　　然而，二十年过去了，这一切都不复存在。取而代之的是崭新的教学楼，宽阔的操场，笔直的水泥路，一切都是新的。这样的变化令人欣慰，彰显着乡村教育的变化，体现着党和政府对乡村教育的关怀，也切实让乡村的孩子享受到优质而公平的教育。

　　母校的变化是千千万万所乡村学校变化的缩影，昔日的校园早已推倒重来，重新设计，重新规划，重新建设。崭新的校园面貌书写着崭新的教育故事，开启了学生崭新的童年。但新与旧并非绝对的对立，学校的建设并非文化的重启，而是文化的承续，如若割裂了文化，丢失了记忆，那么，校园文化难免缺少岁月的厚重。

　　学校要留给学生足够的记忆，这记忆不能仅仅存在于脑海中，还应当是物化的存在。当学生走出校门多年后重回母校，他可以触摸到昔日的树，看到昔日的景，那种真实的存在感就是不可替代的文化，就是无以言说的精神传承。

　　校园建设也热衷于"新"，但建新校园时，学校管理者应尽可能地给学生留下点儿校园的记忆，让校园文化因为"老物件"的存在而得以延续。让师生能够在崭新的校园里找回岁月的痕迹，让新入校的学生触摸到学校的历史，感受到文化的氛围。

本地一所拥有百年历史的小学，在校园内有一棵百年古槐，历经风雨，几经浩劫，依然挺立。学校将此树定名为校树，依树建造年轮广场，围绕树四周的地砖上，分别刻着学校发展的重要历史节点，讲述着学校走过的风雨历程。这就是鲜活的教育，一棵古树的存在，远远胜过装饰豪华的校史馆。而在一所推倒重建的校园里，保留这样一棵古树，也保留住了校园文化的根脉。可以想见，一代又一代校园学子们，在古槐下读书、玩耍、休闲、纳凉，那是何等的惬意！而这棵古槐又何尝不是一代代学子们校园记忆的焦点！百年古槐，留下的不仅仅是校园的一处景，更是学校文化的魂啊！

校园文化的记忆值得封存，而这需要学校的管理者与教育者拥有教育家的视野与情怀。到某地一所中学督导，这所学校与见过的诸多学校没有什么区别，但校园操场的观礼台给人留下深刻印象。

这个观礼台的造型极为别致，又似曾相识，校长向我们诉说了它的由来。原来，观礼台就是昔日的教学楼教室的一面墙，校长为了给学校留下点儿"念想"，在拆建时，刻意保留了这面墙，将教学楼顶的造型置于墙的上方，教室的窗户予以放大，将教学楼的主体文化元素集中体现在这面墙上，让其作为观礼台的背景墙。在文化墙的后方，绿化植树，设石注水，打造一处景观。

这样的设计完全是本土化的，虽然称不上精美的杰作，却是学校文化的传承，对学校历史的珍重，其中融入了校长的教育思想，更融入了学校历史的文化积淀。这一堵墙所承载的文化意义与精神符号远远大于它的景观价值。

留下学校的记忆，也就是留住学校的历史，让学校的文化延续，让学校的精神传承，值得学校的管理者深入思考。

让校园充满故事

这是一所小区配套学校，刚刚投入使用，仅有一年级两个班级，学校占地面积不大，却错落有致，很有情趣。走进校园大门，一棵高大挺拔的朴树矗立于主道旁边，穿过主道，来到教学楼前，楼旁两棵桂花树，郁郁葱葱、苍翠欲滴。朴树的古老与沧桑，桂树的生机与活力，遥相呼应，共同构造了教学楼前的风景，让人赏心悦目。

校长向我们讲述了这三棵树的故事。就是要通过这三棵树告诉学生，只有像朴树一样，朴实无华，默默无闻，坚实地走好每一步，才能蟾宫折桂，收获桂花的芬芳。

这是一个多么好的寓意，又是一个多么好的期许，多么好的价值引领呀！可以想见，多少年后，学生走出校门，步入社会，他们回忆自己的孩提时代，回顾自己的小学校园，一定会隐约看见，那棵虽挺拔屹立，却沉默不语、坚毅朴实的朴树；隐约嗅到，桂花吐蕊给予的满园清香。当然，更能隐约听见，校长或老师的谆谆教导，听到那些富含哲理的衷肠劝诫。

英国哲学家、数学家诺尔司·怀特海说，当一个人把在学校学到的知识忘掉，剩下的就是教育。既然如此，那么，作为教育者的老师应当思考，我们到底应该给学生留下什么，除了枯燥无味的文化知识，是否还要留下难以忘怀的记忆？或是校园的一景，或是学校的一师，或是墙面的一语，或是生活的一事。总之，要让学生感到自己的校园有故事，让学校因故事而生动，让生活因故事而精彩。

让故事流淌校园，让教育充满故事。受一所学校之邀，让我对其学校的校园文化提意见。这是一所颇有声望的集团学校的分校，也是一所还未投入使用的新建学校，校园的各个角落都是新的，各个墙面都是空白的，都有值得书写、值得挖掘、值得思考、值得填充的故事。

学校的校长是位特级教师，极具个性，极有思想。对于这所新学校的校园文化，他并未依照集团总校的路子走，而是依据自己的想法，独辟蹊径，提出"故事育人"的办学理念。有故事，才有魅力；有故事，才有内涵；有故事，才有生命。办有故事的学校，做有故事的教育，实质上就是给予学生最美好的童年，最优质的教育。

在深入探讨与交流之后，学校"故事育人"的办学理念越来越清晰，思路越来越明确，从狭窄的"故事教学"层面拓宽到"故事育人"层面。进一步厘清了"故事育人"，不仅仅是通过"故事"这一载体丰富课程、开展教学、立德树人，更要让校园的每一个角落都发生故事，让教育的每一个环节都充满故事，让学生的生命历程都具有故事。要让校园有故事，教师有故事，学生有故事，生活有故事，让丰富多彩的教育故事给学生留下最美好的童年记忆。

确立了这样的校园文化定位，校长开始用"故事"思维设计这所学校的景观文化。温席楼、乞巧楼、立雪楼、奔月楼，教学楼的命名充满故事，饱含着传统故事的美好，新时代的诠释与解读。"故事会"——校园提供小舞台，让学生讲故事；"故事绘"——文化墙为学生提供绘画涂鸦的场地。"故事汇"——校史馆让学生在记忆的长河中留下自己的精彩故事。总之，要让校园的每一处都有故事，都因故事而彰显独特的魅力，成为学生驻足流连的场地。

立足"故事育人"，学校开始畅想"故事课堂"，打造有故事的教学文化，深入浅出，启智明理，娓娓道来，意味深长，用故事创设情境，用情境吸引学生，让课堂因故事而精彩，让教学因故事而生动。通过"故事德育"，避免空洞的说教，让小学的思想道德教育入脑入心，随着一篇篇动听的故事，随风潜入夜，润物细无声。通过撰写"教育故事"，引导教师感悟教育美好，书写教育人生，创造教育奇迹……

留下有故事的校园，创造有故事的教育，校园的故事是师生共同完成的，这所校园的故事正在悄然发生，相信一个个精彩的"教育故事"也会接踵而来，给予师生一个个意外的惊喜，我们拭目以待。

让校园充满故事，让学校因故事而精彩，教育的本身就充满故事！

老物件的教育意义

我到一所幼儿园参观，这是一所小区配套的幼儿园，民办性质。走进幼儿园，大厅里的风景别有一番滋味。原来园长是位收藏家，他善于收藏一些已经消失或正在消失的老物件，并把这些物件收藏在幼儿园里，诸如不同年代的收音机、录音机、影放机、照相机等，不同型号，不同外观，不同款式，五花八门，琳琅满目，俨然是一座小小的博物馆。走过大厅，穿过长廊，犹如走进时光隧道，唤起我儿时的记忆。

园长收藏这些物件，源于自己的喜爱，也是为了留下时代的印象，并基于此，让孩子见识到了现在很难找到的东西。这样的想法的确很好，教育就是要拓宽孩子的视野，增长孩子的见识，丰富孩子的内心世界。这些物件就是最生动、最真实、最具体的生活印迹，就是活生生的时代教育。透过老物件，可以为孩子讲述历史，讲述生活的变迁，讲述时代的发展，讲述人生的沧海桑田。

然而，这些收藏的老物件发挥教育的功效了吗？从现实情况看，孩子们对这些物件并不感兴趣，即使进进出出，也是匆匆而过，相较于这些物件，他们更感兴趣的是院子里的沙池、滑梯和蹦床等。老物件对于他们来说，毫无意义。他们不知道这些东西是什么，更不可能对这些东西背后的历史有兴趣。因此，老物件就是老物件，没有发挥教育的功效，更没有对孩子们产生积极深远的影响。

教育无处不在，校园里的一花一木，一草一石，一墙一壁，都承载着重要的教育功能，老物件隐藏的教育课程是丰富的，值得开发与利用的资源也是丰富的。但是，物件本身并不等于课程，还需要教育者通过自己的教育智慧，通过积极有效的教育活动，通过科学巧妙的教学设计，才能让潜在的课程成为现实，才能让教育目标落实到实际的教学活动中。

老物件可以激发成人的情感体验，是源于成人的生活经历，源于老物件与成人思维认知活动之间形成了潜在的有效链接，从而引发诸多感慨与思绪。幼儿园的孩子对于老物件没有印象，没有认知的体验，更没有急于了解的欲望。要想让孩子对这些东西感兴趣，并由此感受历史，需要给孩子搭建一个思维的支架，让孩子跟随老师的引导，认识不同凡响的神奇世界。

诸如，在大厅显眼处的电子屏上，用动漫的形式，讲述照相机的发展历程，讲述录音机的变革历史，讲述影放机的发展轨迹，让孩子们感受到那些沉睡在展厅里物件的魅力，引导孩子认识世界、认识社会、认识生活。总之，物件本身蕴藏着教育资源，但是，要让教育资源成为教育元素，则需要教师的积极努力。

另一所乡村学校利用三间教室建起农耕展览馆，命名为"农俗苑"。走进"农俗苑"，仿佛置身于一座精巧的主题公园。大的展品有织布机、牛梭子、石磨等农具，小的展品有錾子、蒜臼、锅拍子等炊具。每一件展品前都摆放着一张小小的"说明书"，上面清楚地列出展品名称、用途等信息。还有一间教室用来展示农作物种子，有黄豆、芝麻、高粱、荞麦等几十种。为了营造农俗文化氛围，黑板上绘制了农俗谚语、二十四节气歌等板报，每周四下午由老师带领学生来此展览馆开展课外活动。参观时，老师还组织学生以小组为单位畅所欲言，对古代农具可能存在的不足发表意见，或是动手设计未来可能出现的农具。

显然，这所学校所收藏的物件，已经不仅仅是沉睡的物件了，因为有了文字说明，因为有了老师的教育组织，因为有了学生的积极参与，因为有了认知体验与情感互动，而变得生机盎然，极具趣味性，蕴含着深厚的历史与文化，渗入了学生的思想意识，给予学生丰富的教育体验。这才是具有生命力的教育！让物件成为教育资源，转化为教育课程，呈现为教育活动，唯此，才能让沉睡的物件成为活的教育。

再多看一米

每天上班，我都会路过一所小学。这是一所深得家长认可的学校，素来以德育教育与管理精细而闻名。学校在马路西边，每天家长骑车将孩子送到校门口的人行道上，孩子们会自觉主动地按照校门前的标志线，从校门口左右两处排队入校，同时，亲切地向值日的教师敬礼问好，其文明素养与井然有序让人为之赞叹。

然而，就是这所学校，每每骑车经过校门前的非机动车道，都会十分拥堵，那里聚集着送孩子的家长。我起先没太在意，后来才发觉，之所以拥堵，主要是因为骑车逆行的家长。因为校门在马路的西边，为了方便，从南边过来的家长多是选择在靠近西门的非机动车道逆行一段。这样一来，顺行的非机动车与逆行的非机动车造成道路的拥堵与无序。对此，家长熟视无睹，不以为然，而门口值日的教师们也习以为常。

校门口人行道上的井然有序与不远处非机动车道上的混乱不堪，仅仅一米之遥，秩序却天壤之别。其实，校门两边南北的交叉路口相距只不过四五百米，家长选择在校门口马路对面的顺行车道绕过红绿灯顺行至校门口不过花费两三分钟的工夫，这样一来，门口的非机动车道也不会如此拥堵。况且，校门马路对面的非机动车道行人稀少，绕行的时间并不比经过逆行拥堵的道路的时间长。但是，家长大多选择了靠近校门口一边非机动车道上的逆行。

这真是一个值得思考的现象。学校的规则与交通规则就差这么短短一米，学校的规则对学生有强有力的执行力，但是，交通规则对家长没有任何约束力。这不能仅仅怪家长，学校教育同样有着不可推卸的责任。

孩子具有极强的可塑性，教师的一项要求胜过家长的十句叮嘱，学校强调规则，学生便有了规则意识，在校外不远处的家长带着孩子破坏了交通规则，不仅源于家长的潜意识，还源于学生的无意识。因为教师仅仅强调了校内的规则与秩序，对校外的规则与秩序却没有要求。即使有要求，对小学生来说，也很难与具体的社会情境联系起来，尤其是向家长选择的常态化逆行行为说"不"。

这就是教育的重要契机，校门外的家长逆行看似是件小事，却无意间向孩子传递了不良的信息，产生不良的影响。它会让孩子觉得，学校是学校，社会是社会，教师对自己的要求与评价仅仅限定于校内，而走出校园，便可以为所欲为，不用规则约束，不用理会文明的要求。它还会让孩子认为，成人与孩子是不一样的，小孩子需要遵守规则，成人却可以肆意破坏规则，在规则与个人的便利之间，个人便利应当是首要选择。

因此，学校的教育不仅仅要面向学生，还要面向学生家长，"家长学校"的牌子不能仅是挂在校门口，而是要真真切切地落在实处。身处社会的家长有些行为违反了规则，违背了基本的社会秩序，这不是道德问题，而是缺少了必要的提醒。如若学校在家长会上强调一下，从教育孩子的角度，从孩子成长的角度，从行为示范的角度，对家长提出明确的要求。为了孩子，家长也会选择绕行那段路程，严格遵守交通规则。

在很多学校，惯常开展"小手拉大手"活动，家校互动，以学生的文明带动家长的素质。但是，这种活动不能为了所谓的检查验收，仅停留在口号与专项行动上，而应贯穿到日常生活的细节之中。对于教育，学校要将眼光放远一点儿，再多看一米，看到校门之外的大社会，将善良与美好的种子栽种在孩子幼小的心田，用孩子的行为影响家长的行为，让家长的行为反过来影响学生的成长。

再多看一米，这是教育的责任，家校共育，或许就在于这一米。

多些"意"境

校园文化是一种氛围，一种精神，一种品质，一种涵养，一种个性，更是一种扑面而来、不可言说的味道，一种充斥周边、身处其中的意境。一所有品质、有内涵、有特色的学校，一定是具有浓厚的文化气息的学校。缺少校园文化，学校便缺少了灵魂，缺少了灵气。

在农村学校，校园文化建设是普遍性的短板。前不久，我到一所农村学校参加校园管理现场会，这所学校在辖区内以教育教学质量著称，每年考取重点高中的学生数量可观，教育教学质量在区域内也是名列前茅。然而，走进校园，看到的"风景"却让我们大失所望。

偌大的校园，占地七八十亩，却没有很好的布局，教学区、生活区、运动区三区不分，教学楼建设得七零八落。校园里不乏大片大片裸露的土地，杂草丛生，或是老师开垦的小片菜园。校园的中间有一个主体花园，里面的"景观"却显得零乱不堪，孔子、庄子、母爱、大鹏展翅、学海无涯，五处雕像混为一体，传达的主题模糊，让人丈二和尚摸不着头脑。再看校园的标语口号，不是"七不准"，就是"八不要"，硬性要求，明令禁止，让人感到管理的强势与冰冷。教室、办公室、寝室文化建设极为单一，没有丝毫"家"的温暖与味道。

作为督学，职业的本能驱使我讲点儿什么，于是，在反馈环节中，我对学校的校园文化建设提出了以下五点建议。

多些"绿意"。教育即生活，学校即社会。校园是学生心灵的栖息之地，学生每天与其朝夕相处，受其浸染。如果校园里没有绿色，学生每天教室、操场、宿舍，三点一线，只见高楼大厦，只见钢筋水泥，再无其他，那么，校园给予学生的印象是枯燥的，是乏味的，是缺少生机与活力的。校园首先应当是花园，无论站在哪一个角落，放眼望去，都是一片碧绿，一片生机盎然。绿色应当是景观文化建设的"主打色"，校园应当充满着浓浓的绿意，即使是农村学校，没有足够的经费实施高质量的绿色植被，但是，在那些裸露的黄色土地上播撒绿色的种子，也是极有必要的，这"绿意"可是校园文化不可或缺的重要元素呀！

多些"用意"。校园文化建设应当有灵魂、有主题、有体系，应当有一条主线贯穿校园文化建设的里里外外。这条主线就是学校办学理念的核心，也是这所学校独特的办学思想。办学理念的核心与独特的办学思想是校园文化的根与魂，也是校园文化建设的起点与依据。景观文化是校园精神文化的外显性表达，绝不是随意的"景点"堆砌，不是随性的"拿来主义"，而是基于学校独特办学品质的精心打磨与个性化设计。校园的一花一木，一草一石，一水一溪，都应承载着深刻的文化内涵，都要有足够的"教育用意"，如此，校园文化建设才能别具一格，自成体系。

多些"创意"。一些学校提起校园文化建设就不由自主地谈起资金，认为没有金钱就无法进行校园文化建设。这是一个严重的管理误区。校园文化的核心是"人"，是全校的老师与学生，一切校园文化的出发点与落脚点在于"人"，校园文化的实施对象是人，创造主体同样也是"人"，只要拥有教育的"创意"，校园文化建设就会充满人文内涵。诸如，对于上述学校的空地，可以分割成规整的板块，由班级认领，开垦实验田，由学生轮流呵护，感受生命成长的历程，体验劳动实践的快乐，并由此与生物教学、劳技教学相结合，开发校本课程，不是更有教育意义吗？再如，还是这片空地，学校可以充分利用本土是"梨都"的优势，种上一片梨树，打造一所梨园，春天，"千树万树梨花开"，秋天，硕果累累，果实飘香，结合时令节气，开设"春华秋实"校本课程，春吟诗，秋采摘，赋予"梨园"无穷的教育魅力，不也是很有文化"创意"吗？

多些"暖意"。学校的教育是温暖的，无时无刻不散发着浓浓的爱意，学校教育是柔性的，只有柔性的管理才能触动学生的心弦，在"润物细无声"中求得"春雨惊雷"。"不准""不要""不能"，此类语言，并不适合教育，它们像一把把透着冷气的刀子，给予学生的只能是伤害与排斥。不妨换一种表达方式，让语言充满柔性，充满暖意，充满诗情。另外，校园的办公室、教室、寝室也应当是温馨的地方，让师生留恋的地方，从而让学生在校园里感受到"家"的温暖。

第四辑

敢于说"不"

不要吝惜表扬

韩国某大型公司的一个清洁工，原本是整家公司最容易被人忽视的角色，但就是这样一个人，在一天晚上公司保险箱被窃时，与小偷进行了殊死搏斗。

事后，有人为他请功并询问他的动机，他的答案却出人意料。他说，当公司的总经理从他身旁经过时，总会不时地赞美他："你扫的地真干净。"

就是这样一句简简单单的表扬，就能激发出员工强烈的集体意识，能够在公司危难之时挺身而出，做出惊人之举，我们不禁惊叹于表扬的力量。

同样，校长也应当及时对教师进行表扬。渴望被人表扬、被人肯定、被人赞赏是每一个人的心理需要。这样的心理需要一旦得到满足，便能激发出不可预知的能量。在学校教育生活中，校长的表扬也是教师工作激情的来源，一句简简单单的表扬也许就能改变教师的态度，让教师努力工作。

学校的宣传栏里有一块版面张贴着优秀教师的照片，但是能够上榜的教师毕竟很少，于是那些没有上榜的教师耿耿于怀，因为他们的工作同样需要别人的表扬，需要别人的激励，尽管工作水平比不上那些出类拔萃的教师，但是他们也有闪光之处，也在不懈地努力着。了解教师的这种心理后，学校在出版宣传画册时，应尽可能地让全校每一位教师露脸。学校集体照、教研组合照、每一个教师都可以找到自己的影子，虽然不是很清晰，但是他们也很满足，因为这毕竟是学校对自己的一种认可，是自己的工作被别人肯定的一种方式。

其实，校长只要明白这个道理，只要体会到教师的这种心理，就不要吝惜自己的表扬。只要发现教师的优点，只要发现教师的过人之处，只要发现教师努力的行为，都可以大赞特赞，予以大张旗鼓地表扬一番。校长简单的一句表扬也许会让教师高兴一整天，会给教师的内心带来无限的温暖。

校长不吝惜表扬，需要有一颗善于发现的眼睛，应以欣赏的眼光看待教师，给教师以信任，给教师一种宽松的发展环境。每一位教师都不可能十全十美，但每一位教师也都有自己的优点，关键是校长应当看到优点，而不应紧盯着缺点不放。用放大镜看教师的优点，用显微镜看教师的成绩，用望远镜看教师的发展潜力，用表扬激励教师，促进教师发展，满足教师的心理需要，是校长应当具备的素质。

校长不吝惜表扬，不等于说可以乱表扬，刻意表扬，为表扬而表扬。表扬的前提是真诚，表扬的基础是真实。校长对教师的表扬应当有理有据，客观合理，发自内心。只有这样才能令教师有所感动，有所触动，从而以更努力的工作回报校长的认可。

美国女企业家玛丽·凯曾说过："世界上有两件东西比金钱更为人们所需，那就是认可与赞美。"校长不吝惜表扬，是调动教师工作积极性的重要方式之一，也是校长管理的智慧所在。

不能轻易说"不"

日本某电器总裁松下幸之助的领导风格以最会栽培人才而出名。

有一次，松下幸之助对公司的一位部门经理说："我每天要做很多决定，并要批准他人的很多决定。实际上只有40%的决策是我真正认同的，余下的60%是我有所保留的，或者是我觉得过得去的。"

经理觉得很惊讶，如果松下不认同，一口否决就行了。

松下解释道："你不可以对任何事都说不，对于那些你认为算是过得去的计划，完全可以在实行过程中指导他们，使计划重新回到你所预期的轨道。我认为，一个领导人有时应该接受他不喜欢的事，因为任何人都不喜欢被否定。"

不轻易说"不"，这是松下的管理风格，更是松下的管理艺术。管理的最高境界是激发团队每一个成员的工作热情，促进每一个人主动发展。松下幸之助不轻易说"不"，正是松下信任团队的体现，更是对员工的理解与支持。因为松下清醒地认识到，自己的能力再强，公司的所有事情也不可能完全由自己来承担，公司的所有事务都不可能由自己独自来决策，给手下一定的决策权，同时可以让自己从繁重的工作负担中解脱出来，也可以尽可能地发挥下属的潜能，促进下属尽快成长，为公司的发展做出更大的贡献。

相信下属，敢于放权，不轻易否定下属，这是松下管理的智慧，也给予我们诸多有益的启示。很多校长之所以被学校琐事所缠绕，被繁重的管理事务所左右，其实就是不愿放手，不相信他人的结果造成的。

作为校长，其见识与能力明显强于中层干部及普通教师，其对于学校教育教学管理有着真知灼见，对于学校各项工作的开展有着自己独特的想法，但能力强并不等于所有事务都要由自己大包大揽。管理也不是独裁，而是团队齐心协力的成果。校长应敢于放手，应学会信任下属，也许下属的管理经验还很不足，也许下属的管理方案还存在这样那样的问题，但是作为校长不能对其一味否定，因为下属也需要成长，而在成长过程中需要领导的鼓励与信任，需要领导的关心与支持，一而再再而三地"你不行，你不会，你不知道"，只会打消下属工作的积极性，让下属没了自信，从而对领导产生依赖心理，永远也不可能真正成长起来。面对下属管理过程中存在的不足，校长需要中肯的指导，需要真诚的鼓励，需要大力的支持，经常对下属说："你行，你一定行，我相信你。"相信下属一定会在校长的关注之下走向成熟。

不轻易说"不"，这是一种尊重，是一种信任，也是一种关爱，更是一种智慧。

"静"文化不可取

"入室即静，入座即学"，这幅标语，在诸多学校、诸多教室都能看到。每每看到这八个醒目硕大的标语，心中总有一种莫名的感觉。再看到学生走进班级，安静地坐在座位上，秩序井然地看书学习，更被这种静态文化所困惑。这到底是学校管理的规范？是班级学风的优良？还是对学生个性的束缚？对学生天性的剥夺？

网上搜索一番，居然发现与"入室即静，入座即学"这条标语相关的内容竟有十一万三千余条，让人愕然。看来，很多学校就是这样严格要求学生，就是这样营造出静态的教室文化氛围。即使是课间十分钟，学生也只能安安静静地呆坐在教室里，这难道不是一件十分反常的事情吗？要知道，他们可是一群活泼好动的孩子呀！当"静"成为学生生活的全部，成为他们的外在状态，他们还能称之为孩子吗？

什么样的标语展示什么样的价值取向，体现什么样的教育追求。"入室即静，入座即学"，教育者就是通过这样的标语告诉学生：教室是学习的地方，进入教室就要保持安静，就要立即学习，不容半点杂念，不容大声喧哗，哪怕小声说话也不行。为了能够实现这样的教育目标，教育者也往往使出浑身解数，做出不懈努力，诸如严格要求，打分评比，甚至下课不准学生到操场活动等。总之，一切可以让学生静下来的方法与措施，都得到了充分的实施，以至做到了极致。

这样的做法，确实起到了很好的效果，学生静下来了，班级静下来了，校园里静下来了，管理者的目的实现了。"入室即静，入座即学"营造了一种积极向上的学习氛围。但是，作为教育者，决不能被这种静态的表现所蒙蔽，不应忽略学生的天性。让原本活泼好动的学生硬性静下来，这是否太过残忍，是否压抑了学生的天性，又是否剥夺了学生活动的权利呢？学生顺从地跟随着教师的要求和意愿，压抑自己好动的天性，安静地坐在教室里。这是教育者的压制作用，甚至可以说，教育违反了学生身心发展的内在规律。

看似安静的背后，其实蕴含的是一种排斥，一种反抗。不是吗？为什么学生在低年级时童言无忌、踊跃发言、小手林立，到了高年级后却变得闷不吭声、哑口无言、呆若木鸡呢？学生的表现欲哪里去了？不正是被这种静文化糟蹋得面目全非了吗？

"入室即静，入座即学"所倡导的"静"文化，说到底，还是传统的应试教育思维在作祟，在管理者与教育者看来，静下心来、安静学习，节省的是时间，提高的是效率，最主要的是还可以提高学习成绩，让学生腾出更多的时间，在应试的战场上获得先机。这种应试思维唯独没有看到学生作为"人"的存在，唯独没有看到学生爱玩的天性，以及学生的需求。

尊重学生、解放学生，才能发展学生、成就学生。如若学生连作为孩子的资格与权利都被教育者硬生生地予以剥夺，那么，我们的教育还有多少值得骄傲的理由呢？即使学生能够在考场上获得骄人的成绩，那么这种以牺牲学生天性为代价的做法，也注定是得不偿失的。而我们所培养的学生也只能是一批老态龙钟的少年，一群考试的机器罢了。

安静的确是一种学习的状态，但是，让学生每时每刻都保持这种状态，那就是对学生的压制。还是应当遵从其成长的天性，让学生无拘无束地绽放属于自己的美丽，属于他那个年龄段的特点，该静时静，该动时动，该玩时玩，该学时学，如此才是理性的教育方式，才是适合学生成长的教育。

不该提倡"竞"文化

开学之初，我走访了十几所学校，发现好几所学校的标语中出现了"竞"字。可以理解，学校的初衷是倡导学生你追我赶、积极向上的氛围。然而，大张旗鼓地宣扬"竞争"，提倡竞争，却实属不妥，并不符合当前的教育理念。顾明远先生在其《警惕五种"反教育行为"》一文中，就提出在学习中提倡竞争是错误的"反教育行为"之一。

倡导"竞"文化，实质是应试教育理念使然

学校提出的竞争一般指学生在学习上的竞争，因为应试教育观照下的学生竞争，外化为分数与成绩，表现得最直观，也最具体。教师以分数衡量学生，分数便成了学生之间竞争的外显性工具。这种竞争确实没有什么必要，因为，以分数衡量学生的优秀与否，并不具有科学性。一次考试中，这个学生的成绩比那个学生多几分，并不代表这个学生知识掌握的程度就比那个学生强，这个学生就比那个学生优秀。积极倡导竞争，实质上也是在强化学生对于分数的认识，无形中对学生产生了巨大的学习压力，从而使学生为应试所累，为分数所累，被分数、成绩、名次搞得身心疲惫，这对于学生健康快乐的成长是极为不利的。

倡导"竞"文化，会使学生对学习产生错误认识

真正的学习是学生自主性的学习，学习的动力应当来自于学生本身，而非任何外压式的因素。"竞"文化，给予学生的学习动力是同伴之间的比较，是对于分数的盲目角逐，而不是对知识本身的兴趣，对学习活动的快乐收获。如此，以

与他人在分数较量中获胜作为学习的目的，则失去了学习的真正意义，这不利于学生形成正确的学习观。过分看重分数的竞争，还会让学生变得浮躁而功利，他们会将学习当作敲门砖，而一旦达到目的，便会将学习彻底放弃，这与终身教育理念是不符合的，对学生长远人生的发展也是不利的。

倡导"竞"文化，不利于培养学生合作意识

团队精神与合作意识是 21 世纪优秀人才必备的品质，帮助别人也是在帮助自己，新课程所倡导的新型学习方式就是自主、合作、探究。在新型课堂里，学生应当主动与同伴协作，共同完成任务，主动帮助别人与寻求别人的帮助。而"竞"文化则与合作的精神背道而驰。学生在竞争的学习氛围下，只顾自己，不顾他人。合作意识缺失，也是目前很多学生存在的问题。

学校的教育应当面向所有学生，给予每个学生最适切的教育，让每个学生获得最大限度的发展。对学生的评价应当侧重纵向比较，而不能倚重横向评比。提倡"竞"文化，势必让教师仅仅关注那些学习突出的"优等生"，而放弃那些在竞争中落后的普通学生，这也是教育缺失的一种体现。因而，学校教育应当重"合"不重"竞"，应当关注全体学生，倡导"合作文化"才对。

要不要兼课

　　某网站发起一次网络投票，票决校长到底要不要兼课？校长兼课的呼声高涨。其实，在我看来，讨论校长是否需要"兼课"并不能一概而论，这与学校的实际情况、校长的个人素质、区域的教育生态紧密相连。

　　我所在的地方存在着两类学校。

　　一类是农村小规模学校，生源仅仅一二百人，按照编制比例，全校教师也就十余人。校长不仅要兼课，而且要承担重要的教学任务，甚至包揽一两个班级的学科教学。在这样的小规模学校里，校长首先是教师，讲好课是他的第一任务，不兼课几乎是不可能的。

　　与此并行的是城区另一类学校。这类学校生源动辄五六千人，教职员工四五百人，仅校级领导班子就有十余人。管理这样一所学校，校长要在出思路、抓统筹、重协调上花精力、下功夫。即使校长当初也是一名优秀的教师，现如今，再让他们重上讲台，也没有多少意义与价值了。恐怕他的教育理念、教育主张、教育见解唯有通过管理的手段与措施，通过公众形象，传递给每一位教师，这尤显管理的重要性。

　　在讨论校长是否一定要兼课时，一个基本的问题不容忽视，即校长的职责与岗位是什么？校长不同于教师，教师的职责是站好讲台，教好一班学生，带好一个学科，而校长的服务对象并不局限于一科一班，而要面向全校师生。教学能力是好校长必备的素质，却只是校长能力结构中的一个板块，仅仅拥有一定的教学能力并不一定能管理好一所学校。因为，学校管理是一项专业性极强的工作，它需要校长拥有完善的教育教学理论和知识结构、良好的综合素质和协调能力等。

优秀的校长不仅应当是好教师，更应当是优秀的管理者，能有效调动教师的积极性，营造出积极向上的氛围，并通过教师的共同努力，构建科学的课程体系，打造优秀的校园文化，开展科学的教育活动，助推学生的精神成长。这才能成就优质的管理，实现优质的教育。

在一所一二百名学生、十余位教师的学校中，校长只要教好书，做好表率，其他教师就会积极效仿，力争上游。在这样的学校中，校长的教学能力足以支撑校园的管理，即使管理能力不足，其教学上的优势也能令教师信服。然而，在几百位教师、几千人的学校中，教育的管理就变得复杂与系统起来，如若校长没有足够的管理能力，即使教学能力再强，也不足以支撑整个学校的有效运行。

关于校长是否兼课，人们通常拿魏书生做例子，魏书生即使当校长、当局长依然兼任语文课，并且教学成果显著，科研成果斐然。的确如此。但是，我们应当看到的是，魏书生不仅具有优秀的教学能力，而且具有超强的管理能力。事实上，他的语文教学体现得更多的是一种班级管理，他对一班的、一校的、一地的管理，更源于他所倡导的自主管理理念，即通过有效的管理机制，激发每一个人的潜力。这样的管理才是校长所追求的理想境界，这样的素质才是校长必备的能力。但是，现实中能够做到教学与管理二者兼顾的校长少之又少。

教育管理是门科学，更是门艺术。无论是在科学层面，还是在艺术层面，优秀的校长都要超出优秀教师的境界，站在更高的层次审视教育。对于校长是否一定要兼课，倒没有必要分得那么清晰。问题在于校长要有远大的教育理想、深切的教育情怀、宏大的教育视野、专业的教育精神，这些才是无比重要的。

不坐主席台

　　一位新校长到校后，第一次与老师们见面，坐在主席台上的他笑着说："我在原来学校是不坐主席台的，主席台应该是教师展示风采的舞台。"此话一出，全场教师为之感动，为校长谦虚的姿态，更为校长民主管理的理念。

　　长期以来，在中小学校，行政会议是学校管理的重要形式与载体。学校管理者通过各种会议传达上级文件，布置教学工作，灌输管理理念。有会议便有主席台。主席台上，校长、主任依次排开，逐个发言。显然，这样的主席台人为地划开了管理者与教师的界限，拉开了彼此的距离。这位校长主动提出不坐主席台，走到教师中间去，平等地与教师交流，让教师在主席台上展示自己的风采，彰显自己的魅力。这种人文情怀与民主治校的管理思路，值得充分肯定。然而，作为一校之长，仅仅是不坐主席台就够了吗？这个问题需辩证对待。

　　学校是一个组织，在组织架构中，校长处于行政的中心地位。如若说"主席台"象征着行政权力，那么，这种行政权力在学校的管理运行过程中必不可少。校长通过自己的办学理念、教育思想，支撑着学校的精神与文化，引领着学校的发展方向，指导着师生的行为。校长的思想与理念固然对学校的发展无比重要，但如若没有足够的执行力，如若不能将思想转化为行动，那么理念只能是纸上谈兵，办学思想只能是夸夸其谈，学校也注定不能得到很好的发展。打破"主席台"观念，在凸显民主管理的过程中，弱化了校长行政权力，对学校管理与运行的重要作用亦不可取。

　　一所具有十余位教师的小规模学校，不设主席台，是理想的状态。但是对于一所规模较大、拥有上百位教师的学校而言，如果没有主席台，学校还能正常运行吗？校长不在主席台上，又如何展示自己的管理理念，宣扬办学思想，取得全校教师的理念认同？如何让教师与自己齐心协力、共同发展呢？校长是学校管理的核心，校长的办学思想、教育理念需要通过平台与载体展示出来，赢得学校教师的深度认同。主席台不仅是教师展示个人风采与魅力的舞台，更是校长展示管理智慧的平台。

设不设主席台，与民主管理的思想并不矛盾，关键是看校长在主席台上讲什么话，在主席台下做什么事。如果校长能一心一意为教师着想，专心致志为学校发展，充分尊重教育规律，倡导民主理念，坚持依法治校，那么，坐不坐主席台都是好校长。

就如新课改以来，一些学校推行民主课堂，要求摘掉黑板，拆除讲台，让教师退出教室。结果，课堂没有成为理想的"学习超市"，却成了无序的"跑马场"。学生的主体地位需要重视，但教师的主导地位也不能忽略，因为课堂毕竟是教师的前沿阵地。新课改不是不需要教师，而是需要教师改变教育模式，顺应学生自主学习的现实需要。课堂如此，管理亦然。

校门责任标牌不能越多越好

在一些地方的中小学校门口，可以看到很多责任标牌，如中小学责任督学挂牌督导公示牌、学校法治副校长责任工作牌、师德师风举报公示牌、校园欺凌治理公示牌、扫黑除恶专项行动公示牌等，不一而足。每个公示牌上都有主要责任人、联系方式、工作职责等内容。校门口的一面墙都被这些公示牌占据。而对于这些公示牌的内容，就连门卫也说不明白，交谈过程中，最常听到的一句话就是，上级部门要求挂就得挂，每次检查来学校，都要先看公示牌，没有相应的公示牌，就说明学校的工作没有做到位，就得通报批评。

校门口的责任标牌自然有其特定的作用，这些标牌往往出自不同部门或是教育行政主管部门的不同科室。一纸文件下来，都是统一制作安排，学校必须张挂。责任标牌背后承载的是责任与职责。如责任督学公示牌，是国家教育督导的制度安排，是责任督学与学校、家长联系的桥梁与纽带。而学校法治副校长责任标牌则是警校联系的标志，方便学校与家长快速报警，反映情况。其他举报公示牌，则是教育专项治理的硬性要求，利于工作公开透明，提高政策的知晓率。这样看来，每一块责任标牌都有其存在的价值，都是不可或缺的，都具有同等的分量。

然而，当校门口的责任标牌过多时，无论是师生，还是家长，都懒得去看，根本就不清楚其内容与信息，所以实际效果并不理想，利用率也并不是很高。责任标牌成了一种摆设，影响了校园门口景致的美观。

事实上，校门责任标牌并不是越多越好，责任标牌要挂，但要统筹兼顾，重点突出，职责明确，指向清楚，具体要做到以下几点。

整合规范责任挂牌事项。校门口的责任标牌无论出自哪个部门，其最终目的都是指向学校的校务管理，为了更方便帮助学校协调解决校园周边的环境问题，增强学校与家长及社会的沟通联系。对于这项职责，其实中小学责任督学挂牌督导工作已经涵盖其中。2013 年，国务院教育督导委员会办公室印发的《中小学校责任督学挂牌督导办法》明确责任督学八项经常性督导事务，也被印刻在督导公示牌中，具体内容包括：①校务管理和制度执行情况；②招生、收费、择校情况；③课程开设和课堂教学情况；④学生学习、体育锻炼和课业负担情况；⑤教师师德和专业发展情况；⑥校园及周边安全情况，学生交通安全情况；⑦食堂、食品、饮水及宿舍卫生情况；⑧校风、教风、学风建设情况。显然，师德师风举报公示牌、校园欺凌治理公示牌、校园环境治理公示牌等内容都是责任督学督导的内容。即使是法治副校长工作牌，也可以通过聘任辖区民警为责任督学的方式，将其整合到责任督学挂牌督导的行列。责任督学受教育督导机构委派，代表政府对中小学校履行监管职责，其监管职能涉及方方面面，完全没有必要在其职责范围内，另行悬挂与其重复监管职责的责任公示牌。因而，进一步明确督导职责，整合规范责任挂牌事项，势在必行。

标牌悬挂实行备案制度。校门口的责任公示牌面向家长与社会，所有的标牌不能随意而为，以确保责任标牌的规范性与严肃性。应建立完善的学校校门公示标牌审批备案制度，所有悬挂在校门口的公示标牌须经地方党委教育工作领导小组及政府教育督导委员会审核同意，并实行备案制度，做到标牌责任明确、人员明确、职责明确、监管明确，确保相关人员认真履行职责，工作有序推进，为学校健康发展提供坚实的保障。

严格落实监管受理制度。实行责任标牌归口管理以后，要充分发挥责任标牌作为家校沟通桥梁的纽带作用。要建立完善信息收集、上报、交办、处置、反馈机制。归口保留的责任标牌，诸如督学公示牌，对于接受到的师德师风举报、校园安全问题、校园欺凌问题等，应主动联系学校妥善解决，或是转报给辖区责任民警、教育行政部门相关科室，并将受理情况与处置结果及时向学校、向相关举报人反馈，真正解决实际问题。

　　小小责任牌，彰显的是责任，校门责任标牌并非越多越好，而是要精之又精，做到有效整合、信息共通、快速处置、发挥实效，决不能一挂了之。

评价不应以点代面

　　"学生在体育竞赛中，获全国性奖项加 10 分，省级奖项加 8 分，市级奖项加 5 分，区级奖项加 3 分""教师在全国性赛课获奖加 10 分，省级奖项加 8 分，市级奖项加 5 分，区级奖项加 3 分"。这是某地教育教学质量管理考核方案中的规定，对此，一些学校颇有意见，一些生源不足的学校，师生很难有机会获得加分项目，而一些生源充足的学校，参赛机会也较多，学生获得加分项目比例普遍较高。教师专业发展项目亦是如此，仅仅这两项考核，成绩就能遥遥领先于其他学校。

　　其实，诸如此类的考核方案并非个案。师生发展状况是学校办学成果的重要体现。学校办学的终极目标，就是为了成就教师、发展学生。师生的全面发展，推动着学校办学质量的稳步提升。诸多地方上的教育主管部门深刻领会到这一点，在考核评价学校的过程中，将师生的获奖情况作为加分项目，列入考核学校的总分。诸如素质教育督导评估，将学生艺术、体育、科技等方面获奖的证书予以量化、汇总，作为评价学校办学成果的重要考量指标；学校综合性督导评估，将教师的赛课成绩、论文获奖情况作为考量教师队伍建设的重要依据。让考核用数据说话，用分数比对，不仅规避了督导评价过程中的人为性因素，而且更有利于引导学校确立正确的办学方向。不能不说，这样的考核方式，具有一定的科学性与合理性，毕竟，只有注重推行素质教育的学校，才能培养出优秀的学生；只有科研氛围浓厚的学校，才能培养出优秀教师。

　　然而，将师生的获奖情况简单累加，作为考核得分，将个别师生的发展等同于学校的办学成果，这种方式却值得商榷。无论是素质教育督导评估也好，还是学校综合性办学水平督导评估也罢，其考核的对象是学校，而非师生个体，其考核的目标应当是学校在实施素质教育过程中、在平时教育教学管理过程中所做的工作、所取得的成绩。这应当是"面"上的反映，而非是"点"上的总结。

师生的发展与学校的管理存在着显著的相关性，正是因为这一点，将师生发展状况作为考核评价学校办学水平的重要依据，才具有一定科学性。但是，这种相关性应当建立在普遍性的基础之上，应当是"面"上的正相关。只有学校的大部分师生获得了长足发展，才能体现学校的管理水平，才能彰显学校的办学成果。一所学校即便是有个别师生在全国竞赛中获奖，又能否代表学校师生发展的整体水平呢？将个体表现等同于学校表现，难免以偏概全。

事实上，影响师生发展状况的因素是多方面的，不仅有学校管理的原因，更有个人、家庭、社会的原因。就拿学生综合素质发展而言，其家庭教育与个人兴趣所起的作用不容忽视。很多学生之所以能够取得一系列奖项，往往"功"在家庭教育与课外辅导班，而并非学校教育的直接成果。将师生的获奖情况直接作为学校办学成果的加分项，对于一部分学校，特别是农村学校而言是不公平的。"以点代面"式的考核评价也有违客观性与科学性原则。

体育、艺术特长生的素质奖项与教师专业发展的奖项，直接拉开了学校的等次与距离，让一些学业水平不高的学校实现了考核的逆转。这是由典型的考核方案片面化倾向导致的制度不公平。考核是风向标，是指挥棒，什么样的考核就会促成什么样的管理行为。当学校的考核评价方案仅仅定位于"点"，只注重特长生与个别优秀教师的成长业绩，必然会让管理者遗忘本该同等重要的普遍性个体，造成学校管理对全面性的忽视与漠视。诸如，有些学校会根据上级的考核方案制定相应的内部奖励办法，加大对拔尖师生的奖励力度，这势必会造成管理的不均衡与不公平。

学校的管理应当面向全体师生，应当帮助每一位学生实现最好的发展，为每一位教师提供必要的支持与帮助。学校的办学成果与管理水平不能等同于个别拔尖师生的成长业绩，要真正考核评价学校的办学成果，立足点与着眼点应放在学校为推进素质教育、发展师生上所做的工作与努力。而师生的发展状况不应当仅仅考察"点"，更应当放眼于"面"。看一所学校学生个性发展的整体状况，看教师专业发展的整体情况，可以将累加分数转变为核算比率，即将获奖数量与群体总量相比，核算出获奖师生在师生群体中所占的比例，以比例作为考核评价学校办学成果的依据，作为学校之间横向对比的依据。

总之，只有将评价考核学校的重点从"点"转移到"面"，才能促使学校真正面向全体，促进每一位师生的全面发展，而不是紧紧盯着极为优秀的"极少数"。如此，才能真正体现公平性原则，让每一位学生都能享受到优质的教育，获得充足的发展，让每一位教师都能享受到学校的关爱，获得真正的成长。

第五辑

打好"太极拳"

在复制与模仿中创生

　　我到一所乡镇中心小学督导，一踏入校园，首先映入眼帘的是校门两旁的展示牌。展示牌制作精美，上面是学校精心评选出来的"年度人物"，靓丽的照片，感人的解说词，向我们展示了学校优秀教师的风采。看到这所农村小学能够想到用这种方式激励教师，令我十分欣慰与感动。感动之余，猛然想起在李希贵校长《学生第一》一书中提到过，北京十一中学的"月度人物评选"也是这般设计。遇到校长，谈及此事，校长如找到知音般向我坦言，他正是看了此书才设计了展示牌，结果，令老师们耳目一新，颇为感动，工作热情明显高涨，这组展示牌也因此成了校园里一道独特的风景。

　　到一所新建的小区配套学校参观，教学楼顶的一处"福苑"引起参观者的驻足。在这小小的楼顶平台上，校长采用仿古的设计风格，入口设"门当户对"，平台设置摇椅、竹林、马头墙、琴乐、茶具，古风古韵、素净典雅，与学校所倡导的"幸福教育"有机融合，如此美景常常令师生流连忘返，成了校园里师生最喜欢的地方。校长告诉我们，这处景点是他在一家饭店里看到的，当时便心动不已，于是照搬移植过来，而每每到外地出差，他也会十分留意宾馆、公园、饭店的布置，有怦然心动的，便将"好"的设计学习回来。就这样，校园楼道的布置、班级后方的木柜、花坛四周的"二十四棋阵"等，都是校长从他处借鉴而来，而这些也同样深受学生的喜爱，成为校园文化中可圈可点的妙笔。

　　学校的管理经验、校园的文化布置，到底能否从别处借鉴？是否可以复制与模仿？对此，一些教育行政管理者、校长坚决予以反对。他们认为，学校应当彰显自己的特色，无论是校园文化，还是学校的管理，都应当是"独一无二"的。

优质的学校就应当是人无我有、人有我精，如不然，怎么显示学校的风骨？而管理上的复制与模仿就如同创作上的剽窃，应是教育者的大忌。

每一所学校都有自己的独特性，地理环境不同、师资不同、背景不同、发展理念不同，因而，无论是学校管理，还是校园文化布置，都应当彰显自己的特色，打上自己的烙印，最朴素的、最真实的、最天然的，也是最独特的，完全没有必要刻意地去借鉴、复制与模仿，借鉴的东西再好也只能属于他人，而不可能完全属于自己。

保持学校的个性与特色没有错，但是，学校的文化特色是长期积淀的过程，是师生共同经营的结果，更是校长办学理念逐步成熟、管理水平逐步提高的呈现。校长不可能天生就是校园文化设计专家。他们对教育的认识，对校园的规划设计，对文化的理解与创造，是一个循序渐进的过程，需要不断学习、不断借鉴、不断吸纳，只有博采众长，才能自成体系，独树一帜！

我不由得想到练习书法的过程。每一位有所成就的书法家，在练习书法之始，临摹字帖都是重要的环节，临帖的过程，就是练习者熟悉字体结构、提升审美能力、锤炼书写技艺的过程。从临帖到出帖，从模仿他人到自成一家，书法家正是这样炼成的。相较之下，学校的管理不也有类似之处吗？

管理是门科学，教育更是门艺术，优质学校的管理自然有其科学合理的地方，教育家对于校园文化、活动、课程等一系列的设计自然有其高明之处。普通学校予以借鉴，为我所用，站在巨人的肩膀上前行，不正是一条管理的捷径吗？诸如前文所提及的两处借鉴就不失为很好的做法，而学校也在借鉴、模仿、复制的过程中，收获自己的成果，老师们得到了激励，校园的文化氛围得以提升，师生有了快乐的去处。

很多校长都是见过世面的，他们外出培训的机会较多，见到的优质学校也不少，然而，对于这些学校，无论校园外观的设计也好，学校内在管理也罢，都只是看了心动，对自己的学校却毫无启示。

每一所学校都需要提升，向优质学校学习，向教育家学习，改变自己，提升自己，哪怕是借鉴、模仿与复制，也是一种进步，毕竟在学习的过程中，受益的是师生。管理者不断借鉴的过程，实质上也是自我突破、自我完善、自我提高、自我成长的过程。天长日久，管理者固有的教育理念、审美观念、思维方式也在无形中悄悄发生改变，会逐渐形成自己的教育思想、教育主张，催生出自己的管理体系，使自己的学校真正成为"独一无二"的，从而达到精神与品质的跨越与迈进。

　　学校管理者要善于做个有心人，向优质学校学习、向教育家学习、向社会学习，借他人之力，为我所用。当然，借鉴、模仿、复制并不是盲目的照搬照套、奉行简单的拿来主义。管理者应当具备基本的价值判断能力，并切实考虑到自己学校的实际状况，有所选择地借鉴，并巧妙地加以融合，努力使借鉴的东西本土化，与学校自身的管理体系、文化氛围融为一体、相得益彰，使其真正地生根发芽、开花结果、自由生长。如此，才能真正发挥借鉴的优势、模仿的价值。若不然，只能是东施效颦、邯郸学步，最终丢失的是自己，学来的是形式。

找到刚与柔的契合点

一次，一位熟识的老师遇到我，向我大倒苦水。原来，他的学校新换了校长。这位校长极为负责，为了强化教师的纪律，每天实行四签到，签到簿由办公室主任监管，每天准时准点，不准迟到，更不准早退。如此刚性的考勤制度令老师怨声载道，特别是一些年轻教师，因为签到而不能及时接送孩子，搞得身心憔悴。我惊讶地问："制度这么严格，就没有考虑到部分教师的特殊情况？"这位教师气愤地说："别提了，特殊的政策照顾是有的，年龄在五十岁以上的教师可以不按时签到。而这些教师的孩子大多已经上大学或者工作，家庭没有后顾之忧，完全不需要提早回家。该照顾的不照顾，不该照顾的乱照顾，这样的考勤制度如何让人信服？"

这位教师所反映的问题在一些学校广泛存在着。一个组织的运行需要一套完善的规章制度。严格的考勤制度是维持学校正常秩序的必要条件。但是，制度是刚性的，管理则应当是柔性的，学校是一个特殊组织，教育更是充满人性化的工作。如若学校给予教师的只有严格的刚性制度，只有生硬、冰冷的限制，而没有应有的尊重、足够的理解、必要的关爱，那么，教师的工作热情便很难被激发出来，也不可能对学生付出全身心的爱，更不能对教育事业倾注全身心的精力。

严格的制度不是针对哪一个小群体，而是针对全体教职员工，这在一定程度上体现了管理的公平公正，然而，管理者在切实做到公平公正的同时，却不能忽略特殊群体的利益，对家庭确实有特殊情况且需要学校特殊照顾的教师置若罔闻，不但会令这部分教师深感寒心，也会让全体教师感到管理者的冷酷，让管理者与被管理者产生心理隔阂，对抗情绪油然而生。所以，任何学校在实施刚性管理的过程中，不能漠视教师个体的特殊性，不能忽视教师的心理感受，不能忽视教师的"人本需求"，要以人性的关爱弥补刚性管理的软肋，让刚性的管理留有出口。

刚性管理追求的是制度严格，强化对教师工作的约束与引导，以期提高教学效率。柔性管理侧重的是对教师人性化的关怀，给予教师情感上的关心与照顾，以期提高教师对学校的归属感，激发教师的工作热情。这两种管理方式都具有科学性、合理性。在操作层面上，却需要刚柔并济，既考虑到制度的刚性，也要考虑到管理的人情味，让教师欣然接受，在自觉维护学校纪律的同时，感受到学校的关怀与温暖。

管理本身就是平衡的艺术，刚性的制度必不可少，柔性的因素也不可或缺，二者应是相辅相成、互为补充的，关键是学校管理者需要在刚性与柔性管理中找到契合点，把握刚与柔的"度"，过刚容易伤害教师感情，过柔容易导致局面失控，二者唯有高度融合，让制度既充满刚性约束又体现人文关怀，才能实现和谐共生。

从这位教师所反映的问题来看，管理者在严格考勤时是考虑到柔性关怀的。学校对年龄在五十岁以上教师的特殊照顾，就是最好的证明。然而，这样的柔性关怀老师并不买账，因为，这样的照顾政策是管理者的一厢情愿，或是一种固化的认识。管理者既没有考虑到五十岁以上的教师是否真的需要照顾，也未考虑到其他需要照顾的教师的真正感受。这样的考勤制度是有缺陷的，问题的关键就在于管理者没有考虑到师本需求。

其实，学校实行刚性考勤，可以看作是"一刀切"式的管理，而对五十岁以上教师实施特殊照顾，这也是一种小范围的"一刀切"式管理。"一刀切"式管理最大的弊端就是无视教师主体的存在，不太需要照顾的得到"照顾"，面对需要照顾的却熟视无睹，看似科学合理的考勤制度成为伤害教师的利器，如此，又怎能发挥其潜在的效力呢？

学校在刚性管理中应融入必要的柔性，因为柔性管理能够充分尊重教师群体的心理需求，关注教师的特殊情况，在切实保障制度公平的同时，能够尽可能地维护大多数教师的利益，只有这样，管理才会变得更加自然而和谐。例如，学校在严格考勤的同时，规定每月允许几次"例外"，对教师"迟到"或"早退"的行为既往不咎，但是，需要教师当面向管理者说明情况，阐述理由。这样的制度，针对每一位职工，一视同仁，在操作上，照顾到了特殊教师的特殊情况，教师家庭果真有什么实际困难，偶尔需要应急处理的话，学校也给予其一定的自由空间，教师在向校长说明情况时，管理者也可趁机予以情感上的关心与生活上的帮助。而普通教师也没必要为了所谓的偶然性自由而挖空心思寻找理由，尴尬地向管理者当面阐述。学校在刚性管理中的人情味，也会得到教师的理解与支持，即使家庭确有实际困难的教师也会想方设法克服困难，顶住压力，坚决维护学校制度的公平。如此，刚性的制度便多了几分柔性，而"刚柔并济"的管理方式，才能真正被教师所接受。

忙碌与清闲

在一次省级督导评估中，我作为督导组成员与两位知名校长分到同一组，几天的相处过程中，他们口中的校园给我留下了深刻的印象，而他们的办学思想更是让我由衷钦佩。可以看出，他们都是行业中的佼佼者，他们所在的学校都是当地最优质的学校。但是，他们的管理风格截然不同。第一位校长在几天的督导评估中，没有接到一个电话；而另一位校长的电话铃声却不绝于耳，不是吩咐任务，就是中层管理者的汇报请示。

与这两位校长详谈了一番。第一位校长告诉我，每次出差，除了非常特别的突发事件，他们学校的中层管理者都不会轻易给他打电话。之所以这样，第一是源于学校管理机制的完善，学校管理者各司其职，学校有他没他，照常运转；第二是源于他想给中层管理者一个独当一面的机会，让他们在校长不在校园的这段日子里，勇于承担自己的责任，提升管理水平，增长管理智慧。而第二位校长则不然，从他的言行举止可以看出，他对中层管理层不够信任，总是认为他们能力不强，不如自己，很难妥善处理各类问题，因而，离开学校的日子，总也放不下心，生怕出什么乱子，给学校带来不必要的损失，造成不可预知的后果。

两位校长，两种管理思路，两种管理风格。第一位校长的洒脱与清闲，第二位校长的尽责与忙碌，这两位校长极具代表性，在诸多学校，我们也总是看到这两种类型的校长。平心而论，两位校长都是优秀的，但是，我更欣赏前一位校长，因为在学校管理层面上，显然，他更具智慧。

校长是什么？有人说，作为学校组织结构中的最高管理者，校长是学校运转机制的中心，但是，如若校长仅仅以自己手中的权力维持学校的运转，那么，这样的校长无疑是忙碌的，一旦离开校长，学校的运转体系就极有可能受到阻碍而中断，以致对工作产生影响。

校长作为组织结构的核心人物，对于学校的发展至关重要，但是，从现代学校治理结构的角度来讲，优质学校的运转绝不是靠校长的行政权力，而是靠科学完善的民主管理体系与制度。校长的职责不是事无巨细、大包大揽，而是出思路、抓统筹、订计划、严监督、促落实，指导学校的发展方向，引领管理者承担起自己的责任，激励每一位教师认真做好自己的本职工作。正如苏霍姆林斯基所言，校长不应是行政的领导者，而应是思想的领导者。

很难想象，一位整天忙碌于行政事务的校长能够静下心来思考自己学校的发展方向，规划学校的美好愿景，制订出适合学校实际的工作计划。更难想象，一位不愿将权力下放的校长，他的领导班子会心甘情愿地付出，为学校的发展贡献出自己的智慧。

校长的精力是有限的，特别是拥有几千位学生、上百位老师的大学校，校长的管理绝对不能仅靠亲力亲为，而要充分发挥每一位管理者、每一位教师的智慧与潜力，让学校的每一位教职员工都找到自己的位置，做好自己的事。这样一来，学校便安然无事了，校长也可高枕无忧了。优秀的校长就是要靠自己的思想，靠自己的人格魅力，成就学校的每一位教师，充分相信他们，尊重他们、支持他们、激励他们，他们自然会释放出潜在的能量。

如若以忙碌与清闲评价校长的话，我更倾向于清闲的校长，在学校机制高效运转的情况下，清闲的校长难道不更具备管理智慧吗？

公平与激励兼顾

【案例】

为了推进学校信息化教育进程，某校购置了一批笔记本电脑，但是，电脑数量不够，校长决定只发给领导班子与一线教学人员，而后勤人员一律不提供。分配方案一出，后勤工作人员怨声载道，大呼不公平，工作积极性明显下降，对学校其他管理制度也产生了抵抗情绪，从而给学校管理造成一定的负面影响。

【评析】

这是一个关于公平性的典型性案例，相信在诸多学校都出现过类似的情况，就后勤工作人员来讲，向校长提出要电脑，寻求的也是公平。在同一单位上班，一线教学人员配备电脑，而自己却没有电脑使用，显然会产生一定的心理落差，感觉自己受到了不公平的待遇与歧视。电脑本身已经不重要了，公平性的缺失却成了后勤工作人员心理的重大障碍。从校长管理层面来讲，僧多粥少，如何将有限的教育资源发挥到极致，更好地为教育教学服务，是他需要着力解决的问题。为一线教学人员提供电脑，可以提高学校现代化教学水平，从而促进教育教学质量的提升；而后勤工作人员使用电脑的频率不高，与教学的直接关联不大，相反，提供电脑还容易出现在工作时间上网玩游戏的现象，干脆一律不发，这样还可以让一线教师心生优越感，激励其更加努力工作。这在校长看来，笔记本电脑已经演变成一种变相福利，成为奖励一线教学人员的物质符号，这种做法是公平公正的。

　　无论是后勤工作人员，还是校长，他们追求的都是一种公平。后勤工作人员追求的是普遍性公平，而校长追求的是激励性公平。普遍性公平即传统的吃大锅饭，按人分配，而激励性公平则是按劳分配，按贡献大小分配。后勤工作人员与校长引发的矛盾实质上也是普遍性公平与激励性公平之间的矛盾。因而，校长必须厘清二者的关系，予以妥善处理。

　　世上没有绝对的公平，只有相对的公平。普遍性公平，实质上是一种平均主义，从某种意义上也是一种不公平，必然会挫伤一部分人的积极性。而激励性公平看似不公平，却也是一种相对的公平，可以对团队实施正确的引导。诸如绩效工资的发放，就是打破传统普遍性公平的局面，营造激励先进、鼓励后进的良好氛围。传统奉行平均主义发放工资的方式对一部分人来讲是公平的，对另一部分人来讲却是不公平的，因为无法体现他们的工作实绩。采用绩效工资就是创造一种新型的激励性公平方式，破除表面的公平，追求实质的公平。

　　就案例来讲，校长通过激励性公平来处理电脑的分配问题，这种方式并没有错，只是用错了方式。此外，校长所用的方法也并不是激励性公平，实质上是一种不公平。

　　首先，校长人为地将教职工分为两个群体，予以不同的待遇，显然是不公平的行为。学校是一个整体，无论是教学工作人员也好，后勤工作人员也罢，都是学校集体中的一员，他们只有分工不同，教学工作人员的职责是教好学生，而后勤工作人员的职责是为师生提供优质的服务，谁也不能说一线教师比后勤人员更重要。发放电脑，仅有教学工作人员而没有后勤工作人员，显然有失公平，亦有歧视后勤工作人员的嫌疑，因而会引发后勤人员的不满情绪。何况校长将学校管理人员列入教学人员的序列，激化了这一矛盾，让后勤人员更加难以接受。

　　其次，校长所奉行的激励性公平实质上仅是小范围内的平均主义。给教学工作人员发放电脑，本质上就是平均主义，人人有份，不论教学工作人员电脑操作的技术如何，不论教学人员是不是将电脑用在教学上，一概发放。而在教学工人员小范围内实行了平均主义，却不在学校大范围内实行平均主义，显然不合情理，因而也会激起矛盾。

再次，校长没有意识到电脑作为教学手段与激励手段的角色，一方面想推动电化教学水平，一方面又想激励教学人员的工作热情，二者相互重叠，实质上的激励效果并不大，而电脑是否真正用在教学上，却是一个未知数。

那么，校长到底如何分配电脑才更为合理呢？我认为可以采取以下几种方式。一是分块考核，以工作实绩为分配依据。将电脑作为奖励优秀教职员工的物品，激发每一位教职员工工作的积极主动性。二是定点到岗，以工作需要为分配依据。电脑的发放并不指定到人，而作为工作的工具，按照需要配备，每一位教职员工只有专属的岗位电脑，而不能将其占为己有。

教学人员也好，后勤管理人员也罢，都是学校教育教学管理过程中不可或缺的人力资源。他们用辛勤的劳动支撑着学校机器的正常运转，应当享有公平的机会，获得同等的待遇。学校管理者不能人为划分界线，而应给予每个员工公平的待遇，让每一位教职员工都能享受到普遍性公平。但在普遍性公平的基础上，也要适当采取激励的手段，通过激励性公平激发优秀教职员工的工作潜力。这种激励性公平却要科学设计，从工作实绩出发，以考核评价为依据，用数据说话，让全体教职员工在充分感受到制度公平的同时，能够增强进取心，获得持续努力的动力。

巧用"内功"与"外力"

【案例】

一位学校的教导主任向我大倒苦水：学校的教师工作懈怠，责任心不强，连常规的工作都不愿做，备课不能按时完成，公开课没人愿意上，甚至有的连作文也不批改。学校加强常规管理，教师还振振有词，声称教育局都不检查，学校是没事找事。紧接着，这位教导主任一再抱怨教育局这几年业务检查少了，教师没有了迎检的压力，工作涣散正是源于此。

【分析】

教导主任在学校管理工作中起到十分重要的作用，如果说校长是管理的中心，掌握着行政大权，那么教导主任就是教学管理的核心，是学校业务管理的负责人。一所学校的管理水平取决于校长，而教师教学常规管理的水平，则取决于教导主任。教导主任是校长管理思路的执行者，校长对业务的要求与教学管理的目标能不能达成，就看教导主任有没有相应的措施与科学的管理方法，有没有足够的课程领导力与专业的引领力。

一般而言，学校的教导主任都是优秀教师出身，都是课堂教学的佼佼者，他们在教师群体中具有相当高的威望，也在某一时期代表着学校课堂教学的最高水平。但是，教学水平并不代表管理水平，教导主任不仅要靠自己的专业水平为教师树立标杆与榜样，更要靠教学管理制度严格要求教师、规范教师、引导教师，还要靠相应的工作机制，激发教师专业发展的热情，提高对常规管理的认同度。

纵观这位教导主任，从其言辞之中，至少存在着以下问题。

管理难题的错误归因

作为学校教学业务的负责人，教学常规管理出现问题，无疑是天大的事。对此，深刻剖析，反思管理，找准路径，破解问题，是这位教导主任的迫切要求。能够主动向责任督学毫无保留地诉说自己的管理困惑，主动自我揭短，足见这位教导主任强烈的责任心和事业心。教导主任基于管理现实问题，从自身的角度对管理难题产生的深度原因，进行了自我的剖析与解读，实施了个体认知下的问题归因。但是，十分遗憾的是，他的归因却进入了死胡同，存在着个人偏见与思维惯势。

教导主任将学校常规管理涣散的根本原因归于两点，一则为教师的工作懈怠，二则为教育主管部门放松检查。而独独没有将视角对准学校常规管理制度的构建、教学管理机制的优化、教师专业提升的心理驱动上。将管理的问题归因到管理对象身上，以及上级管理者的问题，将自我摆脱在管理问题之外，这明显存在自我开脱之嫌，并不利于问题的解决。

对行政权力的过度推崇

教导主任对管理问题的两项归因，从根源上看，还在于教导主任对行政权力的过度推崇。在他的眼里，管理就是靠行政手段，促使被管理者被动就范，依管理者意图，实现管理的有序化与理想化。当校本行政管理权威失效，便寄希望于上级教育主管部门施以更大的行政权威，使得被管理者在强大的行政权力下遵从自我的意志，让管理纳入自我预设的轨道，实现管理的稳定性与强制性。

诚然，学校管理需要一定的行政权力，行政权力可以让学校组织的各项事务有序运行，提高管理的效能。但是，仅靠行政权力，或仅仅希冀于行政权力的管理很难让被管理者心甘情愿地予以认同，而教学工作又是极具个性化与情感性的，过于强化行政权力，只能适得其反，让教师失去教学的积极性与创造性，从而由对教学管理行政化的排斥外化为对教学工作的排斥，其负面影响无以估量。

主体认同的视而不见

学校的管理需要得到教师的充分认同，只有主体参与的管理，才能保证管理的积极有效，才能形成良好的工作环境，使学校的管理趋向合理。教师是知识分子，不仅经过正规且专业的师范教育，而且经过长期的教育教学实践的检验，大多具有较高的思想觉悟与认识水平。管理的目标没有达成，管理的效果没有实现，并不能怪教师思想认识水平不高，而应深究教师排斥管理、不认同管理的深层原因。诸如教师到底为什么不愿写备课？为什么不愿上公开课？是不是传统的备课方式与教研方式出现了问题？如何让教师深度认同学校的常规管理？促进常规管理的优化？这才是作为教导主任需要深究的问题。

【启示】

基于以上分析，对于这位教导主任的困惑与疑问，我向其提出了三点工作建议。

跳出个人偏见，深挖问题症结

教导主任作为学校的管理者，看待问题不能以自我为中心，应学会换位思考，主动站在教师的角度思考问题，看待管理问题形成的真正原因。只有摆脱个人认识的狭隘性与局限性，客观公正地对待管理问题，才能找到问题的症结，才能对症下药，使问题的解决趋于合理化与科学化。我作为责任督学，主动将以上想法与见解诉诸这位教导主任，这位教导主任深表认同，慢慢转换了管理思路，接受了责任督学作为学校管理的第三方观察员的中立视角，开始从个人方面深度反思管理存在的问题。

广泛征求意见，优化管理措施

管理不是硬性压制，不是单向的硬性要求，而是靠管理者与被管理者的互相支持，互相督促。良好的管理机制、积极的管理措施，需要被管理者的广泛认同，让教师参与管理，能够从管理的被动接受转变为积极主动的融入，才能让管理的方式更加科学、更加合理、更接地气，才能让教师心平气和地主动接受。既然学校业务管理存在着一系列的问题，这个问题就绝不能只摆在教导主任个人面前，让其独自去默默承受，将问题呈现给全体教师，让团队共同去面对，更有利于解决问题，也更能够集思广益，群策群力，找到解决问题的最佳路径。

适当借助外力，破解管理难题

学校管理需要靠内力，更要借助外力。不是希冀上级教育主管部门的行政权力去压制教师、限制教师、规范教师，而是靠专业指导，帮助学校破解管理的难题。责任督学作为专业的教育督导人员，优化学校内部管理、提高学校办学水平是其职责所在，也是学校管理不可多得的外力。适时邀请责任督学对学校常规管理进行督导评估，对教师的课堂教学进行随机督导，帮助问诊把脉，提供专业的指导，以利于问题的解决，也不失为合理的解决方式。

顶天立地与铺天盖地

某校占地将近四百亩，教学楼、实验楼、艺术楼、办公楼，高楼林立，塑胶操场开阔气派，花草树木，高低结合，错落有致，俨然公园，步入其中，可用高端、大气、上档次来形容。学校办学成果斐然，在宣传材料及成果展示片中，考上北大、清华、科大、复旦的学生赫然在目，基于此，学校提出的"顶天立地，铺天盖地"的思路，更是让人耳目一新。据学校管理者介绍，所谓的"顶天立地"就是要狠抓尖子生培养，提高考取北大、清华等顶尖名校的学生数量，而"铺天盖地"即扩大本科录取率，实现升学率的整体提升。

到学校的宿舍参观，高三学生的宿舍很是特别，不仅室内装了空调，有专职保洁员打扫，还为尖子生设置了单间，诺大的一个宿舍仅仅安排两位学生，很是让人眼馋。大课间的时段到了，我们并没有看到万人跑操、气势恢宏的场面，操场上仅有九年级的学生集体跑步，而高中学生及初中其他年级学生则自由活动。

这就是我在某县城见到的一所万人大校，也是当地最优质的中学。当这一切场面摆在我的面前时，刚刚进校的那种激动早已荡然无存。这确实是一所大校，却称不上是一所名校，也不能称为优质学校。

什么是名校？什么是优秀的学校？校园建设得"高大上"是名校？考取北大、清华的学生数量多是名校？我认为这样的定位与价值取向难免有失偏颇。

真正优质的教育，应当体现在全体学生教育的生命质量与生活状态上。学校不仅要关注尖子生，致力于精英教育，更要将精力放在普通学生身上，致力于让每一位学生都能获得发展。更主要的是，如果学校仅仅将教育的关注点放在升学率上，无视学生综合素质的培养，无视学生的成长与发展这样的教育难免是有缺陷的。

"顶天立地，铺天盖地"这样的教育理念与口号，听起来很有底气，但其内涵略显浅薄。因为基于升学率的价值导向很容易使教育变得苍白而畸形，诸如为了升学率，连学生常规课间操、体育锻炼的时间都予以剥夺，如若不是九年级学生面临中考体育的压力，恐怕也无缘在课间到操场上跑几圈。

事实上，"顶天立地，铺天盖地"的提法，如若换一个角度解读，也未尝不可，比如所谓的"顶天立地"是面对个体，即致力于将每个学生培养成"顶天立地"、具有社会责任感与时代使命感的大写的"人"。"铺天盖地"是面向群体，就是让每一位学生都能得到全面的发展，实现自我的超越、自我的发展、自我的完善，成长为"最好的自己"。本着这样的教育理念，让教育回归原点，让教育变得丰富多彩，让教育帮助每个学生实现精彩的人生，意境是否更为高远呢？

名校与名校长

我们常看到，一所普通学校因"牛"校长的到来而成为名校，随着"牛"校长的离去，名校也随之暗淡。但是也不乏特例：历史悠久的学校，即使换了校长，学校的精神也一直存在，依然能蓬勃发展。

名校成就名校长，名校长成就名校。到底名校成就名校长，还是名校长再造名校？这个问题就如同"是先有鸡，还是先有蛋"一样，让人感到无从回答。事实上，名校成就名校长，名校长再造名校，二者并不矛盾。

我们首先要弄明白：到底什么是名校？在林林总总的名校中，是否真的都是名校？传统观念认为，名校就是那些拥有较高升学率、具有良好社会口碑、公众关注度高的学校。果真如此吗？很多所谓的名校占据着区域优质的教育资源，垄断了所在地区的一流师资，选拔最优秀的生源。每年的升学率，在县市内无人能及。这些学校是地地道道的"牛校"，是社会眼中的名校。但是，深入校园，我们审视学校的办学理念，追溯校园的文化传承，挖掘学校的文化精神，却感到茫然与空虚，除了那骄人的升学率，再也没有可以吹捧的资本了。甚至有些学校的教育教学行为严重违背教育教学规律，对学生人格造成伤害，是不折不扣的反教育行为。这样的学校还能称之为"名校"吗？而身居其位的校长还能称之为"名校长"吗？

真正的名校，应当遵从教育规律，拥有自身的魅力与独特的文化气质。这种气质是长期的文化积淀，是几任校长潜心打磨、继承、发展、提升的过程，更是学校全体成员共同努力的结果。名校的铸造非一日一时之功，是聚沙成塔的累积。

名校的发展与名校长的成长是同步的。名校长是名校的基因，是名校形成过程中不可或缺的重要因素。校长先进的教育教学理念、先进的管理文化、独特的教育思维，为学校注入了灵魂，带来了生机，增添了活力。校长的气质在某种程度上决定着学校的气质，其专业领域也决定着名校的发展方向。但是，名校长的教育理念与文化气质，需要融入学校文化。只有与学校的文化运行机制相契合，才能奏效，才能赢得广泛的认同。通过行政手段推行改革，无视学校原有的理念和文化生态，只能造成形式上的轰轰烈烈，注定不能走得太远。即使校长的教育理念再先进，教育主张再前卫，也无济于事。

名校长要成为名校的一部分。一方面，名校长只有尊重学校的历史，主动汲取学校的文化积淀，才能实现与名校的高度融合；另一方面，名校长只有将自己的教育理念与学校实际相结合，实现田野式改造与本土性生成，才能助推名校迈向新高度，才能让名校因名校长的存在而更具特色，更有魅力。

名校是一座智慧的高地，它历经风雨，汇聚了几代人的智慧，蕴含着深厚的教育思想和文化积淀，滋润着每一位教育工作者和学生。名校对校长的影响同样不容忽视。对于有幸到名校任职的校长来说，应当充分发挥名校的优势，汲取潜在的营养，努力丰富自己的教育思想，完善自己的教育主张。通过名校的资源促进自己的专业成长，成为真正的名校长。

后 记

朱永新教授曾说过："专业写作，让自己站在自己的肩膀上攀升。""一个人的专业写作史，事实上就是他的教育史。"教育写作可以让一名普通的教师成长为知名的教育专家，教育写作可以坚定教师的职业信念，可以让教师收获成功的愉悦，引发专业的思考，促动自己的积极内省，从而改变自己的教育行为，影响自己的生活状态。可以说教育写作是教师专业发展的翅膀，这双翅膀可以让教师在专业的成长道路上走得更远，飞得更高。

教育是美好的，也是快乐的，教育者面对的是一个个鲜活的生命个体，他们有着自己的思想，有着自己的个性，有着自己的特点。教师与全班几十位学生个体朝夕相处，看着他们从懵懂走向清醒，从幼稚走向成熟，看着他们精神变得丰盈，知识变得丰富，行为变得礼貌，这难道不令人万分的欣喜与愉悦吗？我们诸多教师身处其中却不自知，他们只专注于职业的劳累，工作的辛苦，全然不顾学生的成长，当然也找寻不到与学生相处的快乐，以及学生成长的欣慰。教育写作，可以让教师的心灵安静下来，用眼观察学生的行为，用笔记录教育的点滴。将教育用文字表达出来，我们就会聆听教育的脉搏，在这脉搏中有教师自身对教育的专注与努力，有学生的成长与改变。记录教育，其实也是安慰我们的心灵，让自己的内心趋于宁静，定格在教育这项伟大而神圣的事业之中，不为外界浮云所扰，不为世间名利所诱，只为学生的成长，只为理想的教育，只为教育的理想。

"只有教得精彩，才能写得精彩。"教育写作扎根于教育的田野，同样反过来改变教育的状态。教育写作不仅是真实教育教学事件的一种简单性叙述，还是教师对教育行动的一种反思性审视。教育写作对于教育事件的回放必然伴随着教师主体的思考，而这种对教育延时性的再认识，将会更加趋于理性，教师在头脑中会有意识联结、比较、概括、总结，与之前的教育行动相对照，与名家的教育行为相比照，与科学的教育规律相比较，从而寻求问题解决的最佳途径，思考在本次教育实践中的得与失。这种教育思考的习惯也会彻底改变教师的教育行为，在长期的教育审视中，教师会在无形中优化自己的教育机制，在对学生的教育过程中，也会无意识地选择科学理性的教育教学策略，让自己的教育教学行为更加合理、更加有效、更加顺应教育教学的规律。

教育写作是信息输出的过程，要长期坚持下去，需要教师敏锐的眼光，善于发现教育生活的故事与细节，更需要教师在广泛的阅读过程中寻求素材与资料。随着教育写作的不断深入，以及教师对教育文章审美眼光和自我要求的提高，阅读就会自然而然地进入到教师的视野。教育写作为教师的专业阅读铺设了蹊径，为教师主动阅读提供了不竭的动力。教师为了写得精彩，写得有深度，写得有分量，写得有魅力，就会在教育经典中汲取理论的精华，在同行的教育文章中寻求写作的灵感，在哲学、历史、文学书籍中扩展自己的知识视野，增加自己的信息量，从而让教育写作有底气，有文气，有才气。以写促读，以读促写，二者相得益彰，共同架设教师专业发展的桥梁。

教育写作是教育研究的重要方式，写作是将教师既有教育教学经验，转化升华成教育思想理论的过程。诸多当代著名的教育家正是在长期的教育写作中，不断积累丰富学养，锤炼教育思想，从而形成一套系统的教育思想。写作不仅让其达到了教育的高度，而且达到了理论的深度，使其由普通教师向专家型教师、教育家逐步迈进。对于普通教师而言，我们并不缺乏实践的土壤，而是缺少理论的深度，这就需要我们通过教育写作这种有效的方式不断审视思考，总结提炼，转化升华，从而让自己在专业研究的道路上越走越宽，让自己的教育思想得到高度的升华。

十多年前，在乡村教师的岗位上，厌倦了年复一年、日复一日的我，开始拿起笔，记录自己的生活。时至如今，一路走来，回头审视自己的专业发展，其实就是一条教育写作之路，以写促思，用心观察生活，用心思考教育，你会发现，原来教育会如此有趣，如此美好，也会发现，原来教育还有诸多问题，还有更多可以改进的地方。

从一线教师，到教研员、专职督学，岗位的转变让我能够从多种层面思考教育问题，剖析教育现象，追寻理想的教育。感谢我的这些工作岗位，让我得到不断学习的机会；感谢本书的编辑让这本专著得以出版；感谢我的家人、同事、朋友对我的持续鼓励与鞭策，让我有信心坚持在教育写作的路上，不断前行。当然，还要感谢在百忙之中翻阅这本书的您，希望得到您的指教。

2022 年 3 月 26 日